Diario de un profesor novato

Pedal 75

Otras obras
en la colección Pedal

—J. M. de Buck, *El silencio de un adolescente* (Pedal 25)
—G. Bessière, *Préstame tus ojos*, I y II (Pedal 149.196)
—J. Sans Vila, *Antología vocacional* (Pedal 188)
—A. Altisent, *Reflexiones de un monje* (Pedal 211)
—P. J. Ynaraja, *Nuevas parábolas* (Pedal 217)
—G. Bessière, *La aventura del papa Jacinto* (Pedal 218)
—M. Menapace, *El paso y la espera* (Pedal 223)

Michel Barlow

DIARIO DE UN PROFESOR NOVATO

NOVENA EDICIÓN

Ediciones Sígueme

Salamanca 2000

Poesía es la palabra bella, la creación de un hombre que ama. Un par de zuecos no son bellos en sí. Lo bello es el trabajo amoroso del hombre que los ha tallado, la fatiga de los pies que los calzan.

Título original: *Journal d'un professeur débutant*

Apartado 332 - E-37080 Salamanca/España

Tradujeron: J. Sans Vila y M. T. San Martín

ISBN: 84-301-0471-2
Depósito Legal: S. 385-2000
Printed in Spain
Imprime: Gráficas Varona
Polígono «El Montalvo», Salamanca, 2000

Contenido

II
ARIES, AÑO II

Prólogo

Mi amigo Michel Barlow (con gusto le llamo amigo) vivió entre los 22 y 24 años la experiencia que narra en este volumen. Como muchos universitarios, continuaba estudiando su carrera mientras daba clase a un grupo especial de bachilleres. Durante media semana hacía de profesor y el resto de los días los dedicaba a terminar su formación universitaria. Autor de un breve y cordial ensayo sobre Gilbert Cesbron, ha escrito también una introducción al pensamiento de Bergson y una vibrante monografía en memoria del presidente Kennedy, obras todas amasadas con el mismo humanismo con que da sus clases.

Cuenta aquí, con sencillez, sus primeros pasos en la enseñanza. Con total naturalidad y emocionante humildad, evoca sus experiencias más o menos afortunadas, sus ilusiones, sus enfados. Vivimos su clase día a día, participamos en la búsqueda común. Preciosas sugerencias para un joven profesor, inestimable fuente de juventud para todo maestro anciano, lectura de iniciación y de renovación por excelencia.

«Quisiera —escribe— que mi enseñanza tuviese sabor a algo nuevo, a brisa de amanecida, que supiese a vida feliz». Con soltura y gracia encantadoras, inicia, a propósito de significativos textos de la literatura universal, un verdadero trabajo de equipo, un verdadero diálogo (y no, como precisa él con humor, un diálogo platónico que no es más que un monólogo disimulado).

Los ejercicios que propone a sus alumnos parecen a veces puros juegos y no olvida, cuando llega la ocasión, cuestionar el cine, la canción o el arte moderno. Desde el primer momento, su clase vive un ambiente sorprendentemente fraternal en el que el entusiasmo, la libertad —¡hasta la contestación!— están a la orden del día. He aquí una realización de la escuela liberadora que tantos excelentes educadores, en todas partes, han opuesto a la escuela del aburrimiento.

Un día distribuye a sus alumnos «una especie de directorio»: programa e ideario de su trabajo en común. Tal directorio está hecho de citas de mi libro Las humanidades y la persona, *y pido permiso al lector para agradecer aquí emocionadamente a Michel Barlow el honor y la amistad que con ello me ha testimoniado. De hecho, cada vez que expone él su postura sobre un problema pedagógico, encuentro en ese joven maestro a un verdadero continuador «et quasi cursores vitae lampada tradunt». Resulta reconfortante oír a los ochenta años las propias ideas de uno formuladas por un muchacho de menos de veinticinco con la franqueza y la libertad del lenguaje actual, y entrever la clase que uno había soñado realizada con un estilo evidentemente distinto, pero la misma: idéntico espíritu y perfecta novedad. Como señalaba Rémy de Gourmont: «la constancia es la razón de la evolución, y la evolución la condición de la constancia».*

Soy yo y es él: cuando dice que el latín está muerto pero que «la verdadera fidelidad a los muertos consiste en continuar su obra entre los vivos», ¡comunión de vivos y de muertos! Y sobre todo la escuela de la cultura, la escuela de la persona, la escuela liberadora, en la que he soñado durante toda mi vida y que él nos presenta realizada. Lo que yo llamaba «amplificar el horizonte espiritual» él lo llama concretamente «despertar la atención al otro». Que viene a ser la antecámara del encuentro con los hombres, del que habla con un respeto casi religioso.

Es lo que, del principio al fin del libro, maravilla y da su gran valor a este volumen, que no es un tratado de pedagogía, sino simplemente el relato de una experiencia, la juventud de corazón, el espíritu de infancia, la idea de servicio, el altruísmo encarnado.

La idea de servicio le ha hecho descubrir la exigencia primera de toda enseñanza: responder a las necesidades de los alumnos. «El verdadero secreto, dice, no consiste en brillar como un faro o como un gusano de luz, sino en arder de amor y propagar el incendio»; «Que los estudios de literatura se conviertan verdaderamente para nosotros en humanidades en el más noble sentido de la palabra. Que nos ayuden a ser más humanos y a humanizar el mundo».

Su lucha diaria está contra los prejuicios, contra las prevenciones, y así define un humanismo del corazón: «convertíos en hombres cuya verdad dé vida y no apague toda luz salida de otro lugar».

La juventud de corazón, el espíritu de infancia, son virtudes que brotan en cada página con una libertad emocionante. El texto está lleno de encantadoras muchachadas que me recuerdan la jerga que usábamos siendo colegiales lejos de los oídos de nuestros padres. Con lo que afloran acentos que hacen vibrar de entusiasmo y reír felices a los adolescentes. Algo no demasiado frecuente, por lo general, en muchas escuelas.

Sin embargo, a tenor de lo que nos presenta, creo que en dos años la enseñanza de Michel Barlow ha hecho que sus alumnos hayan madurado con muchos y sabrosos frutos. A lo largo de todo el libro que, por la pluma de su maestro, es obra de todos, cada uno de ellos muestra a su vez cómo ha asimilado los elementos esenciales de la actitud que su guía ha vivido ante ellos. Respondiendo a su esperanza, se vuelven «cada vez más acogedores, más receptivos a todo lo humano, sus cóleras, sus esperanzas, sus entusiasmos, sus amores..., adhiriéndose cada vez más estrechamente a la humanidad y preparándose así para un trabajo de ciudadanos en el mundo...».

La inteligencia se forma por medio de experiencias completas, es decir, yendo desde los primeros tanteos, las primeras hipótesis hasta la confirmación de la hipótesis última, a veces muy distinta de la primera.

Michel Barlow será uno de esos maestros que los alumnos recordarán con orgullo y gratitud durante mucho tiempo, a los que se es deudor de lo «esencial», una filosofía en el doble sentido: concepción general de la vida y del mundo, y sabiduría práctica. Uno de los maestros que ayudan a uno a hacerse persona y a formar con otras personas la comunidad de los espíritus.

LOUIS MEYLAN

Ya en prensa estas páginas, me entero con profunda tristeza de la muerte del profesor L. Meylan. Con lo cual este volumen se convierte en un homenaje a la memoria del gran pedagogo desaparecido. L. Meylan profesaba una fe entusiasta en el hombre —fe en su progreso, fe en la misión de los educadores— y toda su obra es un mensaje de esperanza. Nos obliga hoy a levantar la vista y mirar el horizonte: «Conservemos la esperanza, escribía al final de su última obra, la humanidad todavía está al comienzo de su camino. Y el esfuerzo de los educadores conscientes, en los que pongo mi esperanza, esfuerzo que avanza en el sentido de la evolución cósmica, brindará a las generaciones de mañana, las personas religadas y autónomas que son la promesa de la creación».

M.B.

Introducción

En homenaje al profesor L. Meylan
A mis «alumnos» en testimonio de amistad

He aquí un libro naïf. Si Francis Jammes hubiese escrito una «Oración para ir al paraíso con los profesores», si el «aduanero» Henry Rousseau hubiese pintado una de sus grandes telas alegóricas y relamidas en honor de la función docente, si John Ford hubiese realizado sobre el mismo tema una epopeya en tecnicolor, panavisión y buenos sentimientos...

La historia podría contarse como un cuento de hadas: érase que se era un muchacho de veintidós años, cándido y apasionado, que por sorpresa se encontró situado un buen día como profesor de letras en un colegio desconocido. Ignoraba totalmente el oficio. Y sus alumnos —afortunadamente poco numerosos— tenían casi su misma edad. Por ambas partes rehúsan interpretar el número del pedagogo y sus perros amaestrados. Se reúnen, encuentran con simpatía hermosos textos, grandes textos. Descubren, como el Edipo de Gide, que «la única palabra clave es el hombre», cualquiera que sea el enigma y cualquiera que sea la esfinge. Descubren que lo importante es la grandeza del hombre, el honor del hombre, «y el resto, literatura».

Poco a poco, a través del diálogo —¡palabra mágica!— nace entre ellos algo así como una vida en equipo, una amistad. Después de todo, ¿es que un bachiller no está en mejores condiciones que nadie para saber lo que debe ser un profesor? Si hacemos caso a Platón, en todos los niveles es siempre el usuario quien conoce mejor las realidades. Lo digo *cum grano salis,* pero la paradoja ¿no es uno de los más seguros caminos hacia la verdad?

Este libro debe mucho a los muchachos a los que sería un poco absurdo llamar mis «alumnos». Ellos son autores del libro tanto como yo mismo. Cada vez que aparezca «yo» o «ellos», habría que leer «nosotros». El pronombre «yo» aquí sería no sólo algo odioso sino deshonesto.

Tengo también una gran deuda con el profesor Louis Meylan. La buena suerte quiso que diera con sus trabajos en un momento en el que los estaba necesitando. Dieron cuerpo a mis esperanzas de manera precisa y exigente. Solamente quisiera hacer resonar sus palabras innovadoras y convincentes a través de estas páginas que en manera alguna son un ensayo o un tratado de pedagogía. No trato de dar lecciones a nadie. Quiero solamente contar una historia sencilla, porque es bella y porque es verdadera. Es un diario vivido —ya que no escrito— día a día. Me he limitado a reunir elementos dispersos, unirlos y añadir el eco que he podido encontrar en pensadores antiguos y modernos. Imagino que todo lector dedicado a la enseñanza se sentirá en su ambiente al leer estas impresiones que reflejan su vida de cada día. Temo, sin embargo, que algunos, ahogados por horarios, programas y número de alumnos demenciales, sujetos a un ritmo de trabajo en cadena, sólo encuentren en la narración de esta experiencia privilegiada una verdadera provocación. Pero ¿no nos es lícito soñar a veces con el país al que nunca podremos llegar y escoltar como un tesoro el recuerdo de una alegría que quizá no se halle en parte alguna?

Conviene advertir, sin embargo, que el aspecto autobiográfico de este diario está muy lejos de constituir su principal resorte. Desde los románticos, la profesión de comediante y el sentimentalismo son las dos fuentes de inspiración de cierta literatura francesa: guiños al «amigo lector», páginas interminables de autojustificación razonadora, diluvio de buenos o malos sentimientos, Niágara de buenas intenciones o estremecimientos de perversidad, soplo al alma delicada y temblorosa que palpita, como sauce al amanecer, a merced de cualquier «no sé qué» vagabundo. «Si el corazón se te enternece, genio al canto».

Espero haber evitado la inverecundia del narcisismo desasosegado. Si las páginas que siguen interesan algo se debe a que a su humilde nivel recuerdan ideas pedagógicas que no por sabidas dejan de ser esenciales. Ideas que pertenecen al acervo de la gran tradición humanista que ni siglos de dogmatismo cerril ni manías profesorales han sido capaces de ahogar del todo. No creo que nadie sea capaz de ponerlo en duda.

Reviso el original en el momento en que el movimiento de mayo de 1968 acaba de hacer saltar, hechas añicos, numerosas viejas estructuras de enseñanza esclerotizadas, adobadas por hábitos y prejuicios. El ministro responsable llega a declarar que «no se trata de reformar, sino de reconstruir integralmente la educación nacional». Hay que resolverse por fin a inhumar alegremente la universidad napoleónica. Esa vieja hipócrita y peripuesta, pomposa y perentoria, ha vivido ya su vida y no ha de impedir ya que vivamos la nuestra. Todas las medidas a medias y todos los intentos de adaptación a la orden del día aparecen más o menos fraudulentos: ¿cómo va a ser capaz de danzar al ritmo de hoy esa vieja dama de ciento sesenta años? Se tiene la edad de las propias virtudes. Definitivamente hay que aprender —o reaprender— a enseñar de manera distinta que por atiborramiento y autoridad, hay que aprender a dialogar en vez de perorar, hay que despertar en vez de enseñar, inflamar en vez de rellenar. ¡Animo! es cuestión de echarse a andar.

PRIMER CURSO

«QUISIERA SOBRE TODO TRAEROS LA ALEGRIA»

(1962-1963)

1. Entrada de artistas

Me gustaría empezar con una música triunfal, con un clamor entusiasmado: ¡Himno a la alegría! ¡Himno a la alegría! Acabo de encontrar un empleo. Después de haber tenido que tragarme una interminable letanía de negativas en los diversos colegios donde he ido a ofrecerme —desde el paternalismo precavido y acatarrado de un encantador anciano erudito hasta el darme con la puerta en las narices con ladridos de sargento de caballería— cuando ya me veía abocado a tener que trabajar como tantos estudiantes, de mozo de gasolinera en turno de noche, de conductor de una ambulancia, o qué sé yo.

Ha llegado la respuesta, como siempre, en el preciso momento en que empezaba a desanimarme. Una voz amiga me habla de un puesto de profesor en una «escuela secundaria» metida en lo más hondo del macizo de Vercors. En un momento, tres llamadas telefónicas, y el asunto queda arreglado.

Como no conozco la región, he seguido la ruta más difícil. La carretera, pegada a una pared rocosa, con túneles, se eleva vertiginosamente por el valle de Isère. Se dobla para pasar debajo de una cascada, sinúa e insinúa hasta la cima. Uno se siente como una pulga ante un elefante. El roquedal poroso hace pensar en un queso gruyère. ¡Lástima no tener una pluma colorista para hacer estremecer al lector con el vértigo de las cimas!

Mi viejo 2 CV trepa metódico, sin prisas, con un concienzudo ronroneo profesional. Mientras, yo recuerdo aquello de Cl. Nicole: «Quisiera sobre todo traeros la alegría». Sí, con estas palabras me gustaría empezar la primera clase... Pero ya sé que nadie se atreve a decirlo... ¡Qué lástima!

El motor cambia de tono: hemos llegado al collado de Roméyère. La carretera se lanza entonces hacia la llanura con bruscos meandros. No hay casas. Algunos abetos montan guardia ante rebaños de rocas. Después de un nuevo baño de bosque, descubro un minúsculo pueblecillo, «como tantos», acurrucado, como si tuviese frío, en torno a una iglesia pseudo-gótica, alta y llamativa. Las casas, las tiendas, el ayuntamiento, la escuela parecen sacados de uno de esos juegos de arquitectura para niños. El inevitable monumento a los caídos muestra su armonía gris y sus flores marchitas. El colegio se parece a un chalet, con sus contraventanas de madera al estilo suizo y sus jardincillos de rocalla. Construido en la ladera, levanta hacia el cielo una arquitectura recargada, visiblemente hecha de piezas y fragmentos. Aquí se le ha añadido un piso, allá se le ha colocado una torrecilla que parece enjalbegada con azul de metileno. El primer piso de uno de los edificios está al mismo nivel que el sótano del otro, y están unidos, me han dicho, por un subterráneo muy estimado durante los duros inviernos.

Encuentro al director en su despacho: una gran cabeza cuadrada, perfil de boxeador, pelo grisáceo y erizado. Me acoge con la sonrisa irónica y la seguridad charlatana de los tímidos, me explica que la casa recibe alumnos «de siete a setenta y siete años» que están algo retrasados en sus estudios o que hayan sido mal orientados. Se trata de ponerles al nivel del bachillerato en dos o tres cursos. El establecimiento no es ni un «centro de mala muerte» ni un «colegio de niños bien», sino algo así como un «centro de formación intelectual acelerada». Mi papel consistirá en dar literatura, latín e inglés a los de la «segunda sección», que correspondería al quinto curso de los institutos y colegios.

Me da carta blanca en cuanto a programas y métodos de trabajo. ¡Ante una cosa así, muchísimos profesores estarían dispuestos a lamer los pies del ministro de educación! Mientras le escuchaba, iba haciendo el inventario de la habitación: muchos libros, un tocadiscos ocupado en emitir en sordina un concierto de Vivaldi; en la pared, reproducciones de Dufy y de Chagall. Haremos buenas migas... Una vez terminada la entrevista, paso a saludar al cuerpo profesoral de la casa.

El «profe de filosofía» es un sexagenario, rechoncho y de mofletes colorados, rematado por arriba con una generosa calvicie, casi indecente. Su mirada de alumno malicioso y su sonrisa abierta me hacen pensar en la cara del monje que figura en las cajas de camembert. Más adelante, tendría abundantes ocasiones de apreciar su sabrosa charla y el sentido común de este filósofo que pese a su trato con pensadores etéreos no tenía remilgos en darse una vuelta por los establos. Aunque con frecuencia se lamentaba de haberse quedado un poco atrasado, conservaba una sorprendente juventud de alma. Una mañana le encontré probando las pistas de hielo en el patio...

El profesor de lengua que preside los destinos de la «primera sección» es también de lo más inimaginable. Flaco, huesudo, anguloso y desgreñado como una palmera; agitado y trepidante al ritmo de un temperamento explosivo; una mezcla de don Quijote y Hamlet, de Louis Jouvet y Louis de Funès. Pero más bueno que el pan. Sus exhortaciones y consejos amistosos me resultarían de lo más provechoso, aunque no los ponga totalmente en práctica. Tardé poco en descubrir la competencia y la extraordinaria pasión que despliega *ad majorem linguae latinae gloriam*. Con un pedazo de tiza picotea imperiosa, frenéticamente, un caso particular en el encerado, como un pájaro carpintero. O martillea la mesa como el bombo de una orquesta de pueblo para acompañar la recitación de una declinación. Sale de clase visiblemente extenuado, con el pelo desgreñado. Achacoso, jaquecoso y atosigado, el pobre hombre tiene que abrigarse como un gato friolero desde que asoman los primeros fríos, y sólo da clase sentado sobre un radiador. Parece un descendiente de Mandrín, aquel glorioso bandido. Quizá por esto estallan tan fácilmente en él los humores belicosos de sus antepasados. Más de una vez me sucedería que al topar con ese sílex desataría un montón de chispas. Durante las comidas, uno de nuestros entretenimientos consiste en hacer que con su palabra torrencial y nerviosa anime una conversación que resultaba soporífera. Se le hace contar eternamente sus altercados con los ratones que infestan la casa. Y cada vez reencuentra la indignación del primer instante, lanza rugidos y anatemas con el ardor de un cantante de *gospel song*. Un fin de semana, efectivamente, los bichos royeron el borde de su gramática griega, mordisquearon levemente las obras de Cicerón que tuvieron que resultarles indigestas y luego, al final de su zarabanda, sobrecogidos por una religiosa emoción, hicieron respetuosamente pis en las obras de Bossuet. Detalles que no invento.

El administrador representa el elemento más deportivo del equipo. Robusto, «ancho de manos y espaldas». Sus proezas deportivas son periódicamente el pasto de la actualidad. Al volante de un 4 CV sería capaz de rivalizar con los pilotos del rallye nieve-e-hielo. Su mayor satisfacción consiste en juguetear sobre el hielo y atravesar gozosamente, como un obús, montones de nieve de más de dos metros de altura. Por su función, más preocupado por alimentar los cuerpos que por hacer volar los espíritus en el empíreo, está sólidamente enraizado con los pies en tierra. Desde el primer momento me encantó su sentido común y su equilibrio (¿Por dónde andará ahora? No lo sé. ¡Cuánto me gustaría volver a verle!).

2. La jaula de las fieras

El primer contacto con un curso nuevo es absolutamente primordial, sobre todo para un novato. Las primeras palabras pueden condicionar un futuro sereno o revuelto. Algunos profesores dedican la víspera de su «estreno» interminables sesiones de vocalización al tradicional «¡Siéntense!», para dar con el tono adecuado. Cocktail sutil de varonil autoridad, dominio, amable atención, paternal solicitud y elegancia.

Los avezados en la pedagogía recomiendan empezar siempre con un rigor intransigente: «Si no queréis que os tomen el pelo, "apretad los tornillos" bien fuerte al principio y no vayáis aflojando hasta que los críos no hayan adquirido costumbres virtuosas. Una máscara de emperador romano, cejas jupiterinas y mirada hipnotizante, tono cortante como una cuchilla y un diluvio de castigos ante el primer murmullo. Una fuerza disuasiva así os garantizará la paz hasta el día de la jubilación. Manteneos inflexibles durante los quince primeros días, severos hasta el punto de quedar asustados de vuestra propia tiranía. Luego ya todo será posible con los alumnos. Haréis que sus corazones se deshagan en agradecimiento ante la más imperceptible sonrisa de bondad». Hace tiempo que Maquiavelo había preconizado, en *El príncipe*, esta estrategia: «La buena crueldad no tiene necesidad de ejercerse más que una sola vez para conseguir la seguridad pública. La mala crueldad en cambio va aumentando poco a poco con el tiempo en vez de disminuir». Sabido es, sigue indicando el florentino, que «los hombres dudan menos en dañar a un hombre que se hace amar que a quien se hace temer». La comparación no tiene nada de sorprendente, después de todo. ¿No son los hombres políticos, en cierta manera, los pedagogos de los pueblos? El presidente Kennedy [1] o Mendès France fueron universitarios brillantes para su país. Pasaron como meteoros. Su única pega —y su gloria al mismo tiempo— consistió quizá en juzgar a sus interlocutores más inteligentes de lo que en realidad eran. Desgraciadamente hay también jefes de estado en el más puro estilo de maestros del tiempo de la navegación a remo; siempre tienen a mano una regla. No para señalar la grandeza del hombre, sino para golpear las puntas de los dedos.

Pero volvamos a las fieras. Cuentan que Daniel Rops tenía un arte soberano para tomar contacto con un curso nuevo. Con el rostro descompuesto por una parálisis facial, con una mirada de pescadilla frita bajo sus párpados caídos, fácilmente hubiese podido ser el blanco de todos los sarcasmos. Pero sabía defenderse. Entraba sin proferir palabra, sacaba ceremoniosamente el reloj del bolsillo de su chaleco, lo colocaba sobre la mesa, y con voz de ultratumba prevenía a los eventuales agitadores: «Os doy exactamente cinco minutos para reír. Y se acabó ya para todo el curso». Naturalmente, después de treinta segundos de un silencio sepulcral, había ganado definitivamente

1. La aventura de John Kennedy no hay que titularla «la lucha de un hombre libre» sino más bien «el hombre en la ciudad». Nadie es dueño de sus títulos. Yo querría colocarme más allá de las posturas partidistas, dar con la perspectiva humana desde la que fuese posible hablar con la misma admiración de Fidel Castro que de John Kennedy, de Jaurès que de Péguy.

la partida. Cuentan multitud de anécdotas parecidas, con el peligro de dar a entender que para hacerse respetar por esa «edad sin piedad» basta con ser bizco, jorobado, tuerto, leproso, lisiado y tener a mano un cronómetro.

¿Hay que «imponerse» de entrada, como suele decirse, o «imponer»? Quizá si se trata de alumnos turbulentos o excesivamente numerosos. Ni siquiera una reunión de adultos encuentra fácilmente su ritmo y su cohesión. Durante una concentración, un líder político no logra con facilidad que sus simpatizantes escuchen sin que asome un intempestivo contradictor. Y hay que confesar que en las reuniones de profesores tampoco al moderador le resulta tan fácil la cosa. Una masa no se transforma espontáneamente en una comunidad. Y sin embargo, esa es precisamente la tarea de un profesor frente a su clase: lograr la unidad de treinta encantadores y anárquicos mocitos. Aunque no se trate de imponer el rígido orden de los desfiles militares o el silencio de un cementerio, hay que pedirles inmensos esfuerzos, cosa que no es tan sencilla.

Por mi parte, ni se me ocurrió preparar la más mínima comedia para el primer contacto con mis alumnos. Veo con creciente terror, cómo invaden el aula: los encuentro por lo menos tan mayores como yo y más altos que los palos de telégrafos. ¿Qué diablos he venido a hacer a esta galera? Siempre me ha gustado el teatro y me imaginaba ingenuamente que ser profesor era simplemente hacer una representación, durante varias horas a la semana, de una obra teatral en la que se es a la vez tramoyista, director, autor de los diálogos y (modestia aparte) primer actor. Imaginaba también que bastaba con multiplicar por diez o veinte, cada semana, el trabajo de una exposición de estudiante. Había pensado en todo, excepto en esa barrera de miradas que se clavan en ti sin compasión alguna, tratando de encontrar claramente la fisura de la coraza. Hubiese preferido tener diez veces más alumnos, pero que estuviesen alejados: al fondo de un anfiteatro de facultad, por ejemplo. Aquellos rostros casi al alcance de la mano me ponían enfermo.

No he abierto la boca. Cada uno ha tenido tiempo suficiente para instalarse, para arrellanarse en su asiento como en un sillón de dentista. Mi auditorio espera pacientemente que abra la boca. El silencio termina por hacerse pesado. Mientras clavo la mirada en la tabla de mi mesa, me oigo farfullar: «Cuando me deis menos miedo, quizá lleguemos a ser amigos...». Ríen. Han tenido que tomarlo como una ocurrencia o una astucia: el colmo del dominio de un profe tan seguro de que no se burlarán de él, que se atreve a burlarse de sí mismo. En este preciso instante noto que el hielo se ha roto. Al menos, ya no tengo miedo (Por supuesto, no se puede convertir mi actitud en un «truco». Además, el único «truco» para un profesor digno de este nombre es, sin duda, no tenerlo).

Las presentaciones se hacen sin excesivas dificultades. Pido a mis nuevos amigos que digan siempre primero el nombre y luego los apellidos, no al revés como se hace en el ejército, en la escuela, en las oficinas públicas, en todos los lugares donde el hombre no es más que una matrícula o un bulto molesto. Caballos, 8; hombres, 40. El nombre convertido en apéndice es el símbolo de la deshumanización. Lo contrario, el nombre seguido de los apellidos, no es sólo un detalle, sino todo un programa: el resumen de una vida o de las esperanzas que se ponen en ella. ¿Quién es capaz de hablar, a no ser en plan de burla, de Rimbaud Arthur, de Picasso Pablo, o de Beethoven Ludwig?

Después, el momento inevitable del discurso inaugural. Digo al principio que no llegaremos a hacer nada que valga la pena si no llegamos a formar realmente un equipo. Puedo permitirme el lujo de citar a Olier en apoyo de mi idea. Y nadie se atreverá a acusar de anarquismo o de «pedagogía nueva» a ese dulce autor del siglo XVII: «Ya no sois unos niños. La casa no es una escuela de primaria o un cuartel. Mi papel consiste sólo en ayudaros a que os cultivéis *vosotros mismos*: conviene que aprendáis cuanto antes a prescindir de mí». Cultivarse, en efecto, no consiste, y nunca consistirá, en llenar la cabeza de conocimientos, sino en encontrar el verdadero fuste del espíritu. Para lo cual no existe otro método que el de ponerse a la escucha de los hombres: despertar sus propios pensamientos en contacto con los de los otros. Nos modelamos, nos formamos a través de las personas con las que nos encontramos. Todas sin excepción, jóvenes o viejas, inteligentes o estúpidas, se comparta o no sus opiniones. El encuentro con una persona humana es algo sagrado.

En cuanto a la literatura, es sólo un camino privilegiado para acercarse más rápidamente a los seres y a las cosas y para penetrar mejor en su misterio. No hay que leer un texto para «sacar una lección», como diría un diligente ayuda de cámara. Hay que leer para encontrar una presencia humana, para calentarse con una presencia humana y para traspasarla a nuestra vida. Es lo que trataremos de hacer juntos. Primero leer los grandes textos, con la debida paciencia y respeto para llegar a amarlos. Y al mismo tiempo habrá que aprender a expresarse con la palabra y con la pluma. Pero este segundo paso está íntimamente ligado al primero, como sístole y diástole. Sólo se recibe para dar, igual que se corresponden incansablemente los latidos de nuestro corazón...

3. Esbozo de una filosofía del encuentro

He de confesar claramente que en el momento de empezar a actuar en el colegio, mi experiencia pedagógica era más bien mínima.

Durante un curso me encargué de la asignatura titulada «cultura humana» en una escuela de agricultura, predicando ante un auditorio enormemente aburrido, de digestiones soñolientas de boa constríctor. Nunca supe, además, en qué tenía que haber consistido exactamente aquella «cultura humana» que me habían encargado enseñase, dado que el director del centro nunca se había dignado explicármelo. En el cuaderno de un antiguo alumno, había descubierto bajo ese título, una macedonia de exhortaciones higiénico-científico-moralizadoras que me hubiese sido imposible enseñar sin estallar de risa tras cada frase. Pienso que no anduve muy descaminado entreteniendo a mis amables alumnos a base de astronomía elemental, cosa que estaba por aquel entonces a la orden del día, debido a los éxitos de Gagarin. Después de haber evocado lo infinitamente grande, pasaba a lo infinitamente pequeño, a tenor de la conocida cabriola de Pascal en sus *Pensamientos*: tras la música de las esferas celestes, la danza de los protones y electrones. Para terminar con una tocata wagneriana, a base de consideraciones sobre la solidaridad humana, notablemente inspiradas en Teilhard de Chardin.

Fueron sobre todo las «hermosas colonias de vacaciones» y los campamentos de adolescentes los que me dieron ocasión de darme un chapuzón en pedagogía. Durante cuatro veranos estuve en campamentos de todos los colores, desde los hijos de papá de un colegio de tres estrellas hasta los críos sicilianos de una fundición de acero (Adelqui, Gino, Salvatore, Cataldo...), pléyade de nombres y de caras avispadas... Entre estos críos disfruté de las mayores alegrías y emociones. En cierta ocasión se cometió la imprudencia de confiarme el equipo más deportivo del grupo (deportivo para el monitor encargado, claro). Cuando eran todavía de lo más potable, aquellos angelitos ataron en una silla a una dama caritativa —que había ido a verles con la mejor de las intenciones— y se pusieron a danzar en torno a ella en el más puro estilo de los indios americanos.

La anécdota parece demasiado hermosa para ser cierta: sólo se presta dinero a los ricos y la leyenda dorada de los críos admite muchas variantes. Sin embargo, me cuesta muy poco imaginarme a aquellos pequeños hurones gesticulando, brincando y haciendo muecas alrededor de aquella desgraciada que, en su fuero interno, tan estremecido como el velo de su sombrero, se preguntaría desesperadamente qué habría hecho la condesa de Segur en una ocasión parecida. Sé también que aquellos bribones habían cometido en otras ocasiones diabluras menos fáciles de contar entre personas decentes... Al cabo de unos días, completamente extenuado por su infatigable vitalidad, tuve que dimitir en favor de otro más atlético que yo. Posteriormente, experiencias más serenas hicieron que me reconciliase con la educación liberadora y los métodos activos...

Semanas antes del comienzo de curso, dirigí un campamento de adolescentes de ambiente obrero, en los Alpes. Lo imprevisto, lo aventurado, lo extravagante, a la orden del día en ocasiones como ésta, consiguieron que mi veraneo resultase inigualable, casi sublime. Por un rocambolesco error judicial, la gendarmería local me encarceló por robo nocturno, porque quiso la mala suerte que diese un paseo digestivo instantes después de un robo, precisamente por el mismo paraje del delito. Por tanto, fui llevado al cuartelillo para un largo interrogatorio:

—¿Apellidos, nombre, profesión?

—Estudiante de filosofía.

—Esto no es ninguna prueba de respetabilidad: los estudiantes son como los guardias: ¡los hay buenos y malos!

Muy honrado al verme asimilado a los miembros de tan ilustre corporación, me sentí más todavía al día siguiente, cuando el guindilla se excusó llanamente de su acto de arbitrariedad policial.

Al final del campamento, la caja de fondos estaba tan vacía, que sólo quedaba la esperanza, como en la caja de Pandora. Hizo falta recurrir a medios ingeniosos —amigos que tenían coche— para repatriar a los chicos. El campamento terminaba como empezó: la víspera de la partida, tres de los cinco monitores se habían retirado. Se explicó a los mayores de catorce y quince años que, a falta de personal, tenían que encargarse ellos de la dirección de las operaciones. Se reunían a horas convenidas, con seriedad de senadores, para decidir las actividades y la buena marcha de la comunidad. Y de hecho ejercían sus responsabilidades ante sus jóvenes administrados con una solicitud y a veces un rigor muy fraternos. Se cantaba durante los fuegos de campamento y las marchas:

Le ciel est rouge / il fera beau. / Dans l'homme bouge / un coeur nouveau [1]

Y era verdad.

1. Rojo está el cielo, / hará buen tiempo. / Late en el hombre / un corazón nuevo (A. Duval).

¿Para qué volver sobre estos recuerdos que sólo me interesan a mí? Sencillamente porque todo esto me ha marcado profundamente y me ha preparado para ciertas preferencias en materia de pedagogía. Lo cual no impide que, en el momento de empezar a enseñar, tenga casi el ingenuo optimismo de aquel gentilhombre francés del siglo XVIII al que le preguntaron un día durante una velada si sabía tocar el clavicordio y contestó con encantadora sonrisa: «No lo sé, nunca lo he intentado».

No sabiendo por dónde comenzar mi trabajo, me encuentro, casi sin darme cuenta, con las ideas y el estilo de los profesores a los que quise durante mis estudios. Siempre resulta reconfortante pensar en la sorprendente solidaridad que nos une a nuestros educadores, y que les une entre ellos de algún modo. Desde aquel profe extravagante que, armado de un tirador, andaba al amanecer a la caza de los gatos por los tejados, hasta el temible profesor de ciencias naturales, envarado y solemne como la justicia de los hombres, que despachaba sus clases con una voz mecánica en medio de un silencio terrorífico (y se oía el zumbido de las moscas); desde el más erudito de nuestros profesores de la universidad hasta aquella buena señora tan servicial que se parecía a una maestra de escuela maternal de las tareas más humildes e indispensables...

Actualmente me gustaría encontrar simplemente el tono de aquel profesor de literatura que me sacó de entre los malos estudiantes. Quizá porque en vez de censurar, daba confianza; quizá por su paciencia de pescador de caña y su acogedora bondad. Hay dos clases de maestros, como es sabido: los que a base de darte la impresión de que eres inteligente, capaz y esforzado, terminan por convertirte en tal, y los que te cortan las alas. Evidentemente él estaba entre los primeros. Se convirtió en un amigo y más que sus cualidades pedagógicas lo que aprecio ahora es su capacidad de acuarelista y de poeta (al estilo de Prévert). Lo que me ha marcado más profundamente, no ha sido tanto su saber cuanto su inmenso amor por el hombre, y su humildad. Nunca me pareció tan grande como el día en que me preguntó tranquilamente, al salir de una de sus clases, si le creía realmente objetivo cuando tocaba tal problema político o religioso. Con él, se comprendía que la literatura no se aprende, sino que se vive: es un arte de vivir. La literatura no consiste en «palabras, palabras, siempre palabras», como se lamenta Hamlet (la honradez obliga a precisar que cuando dice esto simula estar loco). La literatura no es un «chirimbolo caduco de inanidad sonora», sino como dice T. S. Eliot, «el lenguaje de una persona que se dirige a otra persona». Es un encuentro para el que mi maestro se preparaba con un inmenso respeto. La literatura era realmente para él, como para Du Bos, «lugar de encuentro de las almas». Llegaba a escuchar «la triste y tranquila música de la humanidad» (Wordsworth). Nos hacía comprender que un autor no escribe de la misma manera que un pez rojo echa burbujas. Su obra está amasada con su carne de hombre. Vibra con sus alegrías y sus penas, sus manías y sus vicios. El humorista no se equivoca al afirmar que la obra de Victor Hugo tiene una tonalidad diferente antes y después de dejarse la barba. Lo cual no es un simple chiste. Personalmente, no me parece indiferente que Jules Renard estuviese enfermo por tener pecas en la nariz y que a Aristóteles no le gustase dormir (sería, según se dice, el inventor del despertador. Y no lo digo para aumentar el número de sus admiradores o para quitárselos; me limito a constatar). Al leer los versos de Byron, no olvido que era un Don Juan cojo, y Nietzsche no tendría para mí el mismo poder emotivo si, en el momento de hundirse en la locura, no hubiese abrazado un caballo maltratado por su cochero (Pero sería una pobre apologética si con esto tratara de elogiar o desacreditar su filosofía).

4. «El alma es lo único que cuenta en la enseñanza»

Poco a poco la vida se va encarrilando. Las clases en el colegio me ocupan dos días y medio. El resto de la semana, como soy estudiante, trato de llevar a buen puerto mi segundo año de licenciatura. Es una experiencia singularmente enriquecedora la de ser a la vez maestro y alumno: «una vez han pasado al otro lado de la barrera, los profesores olvidan demasiado pronto que ellos también han sido bachilleres». En materia de enseñanza, igual que en otros campos, sólo se triunfa cuando se es capaz de colocarse en el lugar de aquellos a los que uno se dirige, cualidad que los psicólogos llaman precisamente *tendresse*.

Heme aquí, pues, de nuevo como estudiante. En una amplia sala de zócalos polvorientos, un noble anciano que parece morderse el bigote mientras habla, nos detalla con voz monótona y triste los encantos un poco sibilinos de la filosofía antigua. «A nivel de la unidad relativa, en Plotino, es donde hay que cerrar las ventanas, por favor, situar la identidad del ser, de la esencia y del bien...». Anestesiado por el suave calorcillo de la calefacción central, arrullado por el balanceo de los períodos oratorios, anotaba escrupulosamente, y sin omitir una coma, esta curiosa frase antes de darme cuenta de lo ilógico que resultaba... Odio esa filosofía fosilizada que apesta a cadáver de silogismo y a dialéctica disecada. Miguel de Unamuno vio perfectamente el problema: hay quienes dan vida a la filosofía y la filosofía les hace vivir (y a veces morir, como Sócrates), y los hay que sólo engordan con ella; los que la convierten en negocio y viven toda su carrera en estado de hibernación...

Para cambiar de ideas, cada semana voy a oír las lecciones de un renombrado esteta (quiero decir un filósofo del arte y de la belleza. En la jerga actual *esthéticien* hace pensar en un peluquero-manicuro o en un embellecedor de rostros femeninos). Voy por placer, o mejor con la fidelidad de una amistad. Por muy universitario que sea, este maestro no olvida ser espiritual y un poco poeta. Sus clases son un constante fuego de artificio de paradojas, palabras clave, ideas completamente geniales y extravagantes. Nos invita a hacer estudios sobre la estética del volante del automóvil o de las cajas de queso a lo largo de los siglos, promete traducir un día a Platón en argot o poner la *Crítica de la razón pura* en dibujos animados para hacerla más asequible a las masas proletarias. A pesar de tal fantasía, su erudición no es menos amplia y ordenada. Da que pensar, en el sentido propio de la palabra. Gracias a esta condimentación en manera alguna indigesta, el espíritu se ve llevado a la reflexión y a la creación. Al oírle, me doy cuenta también que el humor es un condimento irremplazable para la enseñanza, que agudiza especialmente la mente y el apetito de saber. Es verdad, como subraya Bergson, que «no hay que tratar de hacerse el ingenioso, es decir, hacerse aplaudir en provecho personal, sin tener en cuenta el del alumno, sobre todo si se es ingenioso a expensas de él, porque sería una villanía» [1]. Observación esta que

1. J. Chevalier, *Entretiens avec Bergson*, Paris.

tendría que ser superflua, puesto que en principio los maestros son gente inteligente.

En cuanto a mí, nunca me he rehecho de los sarcasmos de uno de mis profesores de primero. Nada le parecía bien, nunca era posible acertar: «La roca Tarpeya está cerca del Capitolio...». Además, para él yo no era más que el hermano pequeño de mi brillante hermano mayor, otra inagotable fuente de observaciones agridulces. Ante su pequeño mundo siempre dispuesto a reírse un poco cruelmente de una «cabeza de turco» bien elegida, un profe puede encontrar éxitos fáciles sin excesivo gasto de imaginación. Pero a esa gloria de comediante, a ese miserable cosquilleo del amor propio no merece que se le sacrifiquen las lágrimas de un muchacho. Las mismas bofetadas dejan menos huella que las burlas. Estoy convencido que aquel buen hombre estaba animado por las mejores intenciones y que se hubiese indignado ante el pensamiento de que un educador pueda permitirse el lujo de humillar a sus alumnos. ¡Noble inconsciencia!

En el colegio, voy encontrando poco a poco la velocidad de crucero. Son las clases de latín las que más me hacen sufrir. Durante los últimos años, las *varietates mundi* me han hecho olvidar un poco lo que había adquirido durante mi estudiosa adolescencia. Tuve la desagradable sorpresa de comprobar que era incapaz de traducir el primer ejercicio que puse a mis alumnos. Con las orejas gachas, me resultó imprescindible ir a consultar a un colega. Finalmente, poco a poco, gracias a un fabuloso trabajo de preparación, llego a dar una enseñanza casi decente.

Me ha costado admitir esta evidencia, o mejor hacerla evidente a través de mis lecciones: el latín es una lengua muerta. Muerta y enterrada. ¿Para qué hacer con él la piadosa mascarada de aquellas familias que continúan poniendo en la mesa el cubierto del difunto, o colocan junto al hogar su sillón vacío? ¿Para qué sentar la momia de una civilización difunta en la cátedra profesoral y hacer preguntas y respuestas imitando su acento (como el protagonista de *Psycosis* de Hitchcock)? Hay que comprender que la verdadera fidelidad a los muertos, consiste en continuar, en prolongar su obra entre los vivos. No hay, pues, que aprender el latín como una lengua viva, sino como una estructura de nuestra propia lengua. La verdadera fidelidad al latín consiste en buscar las raíces de nuestro vocabulario y de nuestra alma en la gleba de Campania... Quisiera ayudar a mis alumnos a encontrar, gracias al latín, el sabor primitivo de las palabras, enseñarles a enternecerse ante las palabras, que es la antecámara de toda poesía: «Dar un sentido más puro a las palabras de la tribu»; que las palabras no sean simples etiquetas o proyectiles que se lanza contra la cabeza de alguien. Que encuentren su rostro irreemplazable.

Todo resulta infinitamente más fácil en cuanto a la enseñanza del inglés, aunque yo maltrate casi tanto la lengua de Shakespeare como la de Cicerón. Aquí se trata solamente de conservar los conocimientos adquiridos (o supuestos). El *Cuento de Navidad* de Dickens y algunas novelas policíacas de Conan Doyle bastarán para tenernos en vilo hasta fin de curso.

A decir verdad, sólo me encuentro a mis anchas en las clases de literatura, que constituyen lo esencial de mi tarea. Esta enseñanza se me ha confiado tan de repente que no he tenido tiempo para hacer preparativos y proyectos. Mi programa se elabora «a lo que salga», según la providencia del corazón que nos lleva infaliblemente hacia nuestros más queridos encuentros. Al principio estudiamos algunos cuentos de G. Cesbron, a veces tiernos, irónicos o apasionados. Esta elección tiene la inmensa ventaja de no poner una frontera, un telón de acero entre la cultura y las preocupaciones cotidianas de mis alumnos. No tienen que torturarse lo más mínimo para penetrar en este género de literatura. Penetran sin dificultad, como en una casa amiga. Las preocupaciones de esos héroes son las suyas. Ellos, tan preocupados por vivir al ritmo de su época, no se sienten encajonados en esta literatura de nuestro tiempo. Yo quisiera simplemente enseñarles a leer: sin prejuicios, humilde, totalmente, con detalles y matices. En esta perspectiva sería muy provechoso estudiar con ellos buenas novelas policíacas, aquéllas que proponen al lector un verdadero ejercicio de inducción: para encontrar la clave del enigma basta con no dejar escapar ningún detalle y razonar. El autor tiene suficiente conciencia profesional para no permitirse un deshonesto *deus ex machina* traído por los pelos en las tres últimas páginas.

Quisiera desarrollar su atención. No la atención en el sentido empleado por Bergson y Simone Weil, la atención «clave de toda verdadera superioridad intelectual». Nosotros no tenemos por qué fabricar cerebros que andan, sino «aprendices de hombres», como dice Rousseau. No quiero que mis alumnos puedan reprocharme un día haber hecho de ellos ordenadores electrónicos. No se trata de la atención de las ratas de biblioteca, es la «atención al otro» lo que yo quisiera desarrollar en ellos, porque es condición indispensable para el encuentro con los hombres. Lo grave no es la inatención de los payasos lunares: Apollinaire que durante la guerra se inmoviliza para escuchar el canto de un pájaro en vez de lanzarse al asalto de la trinchera. El drama, el verdadero drama, consiste en lo que un filósofo contemporáneo llamaba el crimen de inatención: a lo largo de los siglos, los «bienpensantes» —buenos esposos, buenos padres, trabajadores íntegros, ciudadanos leales desastrosamente irreprochables en todo— se han hartado de virtuosas indignaciones, engullendo alegremente la injusticia social, el racismo y el drama de los países subdesarrollados.

Aterricemos. Trato de enseñar a leer a mis discípulos. Quiero que saboreen las palabras y encuentren a los hombres, desarrollando también en ellos el espíritu crítico, que viene a ser una necesidad vital en estos tiempos de propaganda, de publicidad, de «acción psicológica» y de embrutecimiento colectivo.

Tras el cuento, exploramos el arte de la novela, a través de algunas páginas de Stendhal, Victor Hugo, Alain-Fournier, Ramuz, Bernanos.

Luego pasaremos al teatro, a la poesía y a textos más abstractos.

Para cada uno de los dos comentarios de texto semanales, escribo a máquina y luego saco a ciclostil dos o tres folios con abundantes preguntas que permiten comprenderlos mejor. Lejos de ser una esclavitud, todo este trabajo de secretario me permite saturarme mucho más del tema en cuestión. Después de haber leído las respuestas, me resulta fácil organizar nuestro diálogo y hacer que participen en la elaboración de las clases, de *nuestras* clases, tratando de que cada uno se exprese lo mejor posible. Al final del debate, al hacer el balance de la cuestión, utilizo ampliamente, y a veces al pie de la letra, las observaciones de unos y otros. Todos son conscientes de que colaboran en un verdadero trabajo en equipo. Esta impresión queda favorecida por el hecho de que trabajamos juntos en torno a una gran mesa, o más bien una aglomeración de mesas yuxtapuestas. Al principio no me di cuenta de lo que esta disposición casual iba a ayudarnos para vernos libres de la pedagogía tradicional. Los alumnos de nuestros institutos-cuarteles se aglutinan unos tras otros en clases que caricaturescamente se parecen a teatros: prisioneros en la caverna, condenados con grilletes y anteojeras a mirar fijamente el encerado o la nariz oracular del profesor, hasta que el sueño les domina; condenados a escuchar en silencio, condenados a repetir y quizás a comprender. Nosotros, caballeros de la mesa redonda, nos reunimos sin jerarquía para la misma aventura. Lo que verdaderamente importa no son mis discursos, por elocuentes y bien documentados que puedan estar, sino el misterioso despertar de las almas que se opera a través de caminos muy lentos y siempre imprevistos. Y en este despertar queremos participar todos juntos (frase mágica y demasiado de moda).

En «composición» vamos a empezar retozando a través de casi todo los géneros literarios. Siempre llegará demasiado pronto el momento de iniciarse en la técnica de la disertación (cosa temible que hacía gemir a Nietzsche y con la que Kant se chupaba los dedos). Mientras tanto, aprendemos a escribir un cuento para niños, una carta de pésame, una narración heroico-cómica, algunas páginas de novela (¡espeleología de los estados de ánimo!), una escena de teatro de tesis, un discurso de circunstancias. Querría desarrollar su expresión, su imaginación, enseñarles cómo se domestican las palabras, cómo se suaviza una frase para hacerla tan ágil como un manantial. En una palabra, hacerles descubrir el juego de manos, la alegría de decir, sin la cual no hay literatura: Nunca tendréis éxito si no os dejáis cautivar por el tema, si no forma parte de lo que verdaderamente os apasiona. ¿Cómo queréis interesar al lector, si estáis aburridos? El arte de escribir se sintetiza en esta palabra: «Divertíos». Cuando describáis, divertíos describiendo. Que se vea a vuestros personajes con vida. Que se les vea fruncir el ceño o estar a sus anchas a lo largo del diálogo, que se les vea rascarse la nariz, bostezar. Cuando un hombre se dirige a uno de sus congéneres, no se trata de un diálogo de marionetas ni habla con una cariátide. Con la boca habla todo el rostro, desde la punta de la barbilla hasta la extremidad de los cabellos. El temperamento, la edad, la cultura, el oficio forman un cocktail de gestos propios de cada uno. Así el arco de las cejas sabe expresar toda la gama de emociones humanas. Esos dos grandes pájaros velludos se doblan, se erizan y, en los casos de intensa estupefacción, vuelan de repente a toda prisa para ir a posarse en la más alta arruga de la frente... Mi auditorio se monda de risa. Tendría que haber prevenido, como en las «buenas» novelas, que «todo parecido con personajes reales es pura casualidad»... El decorado también participa en el diálogo, a veces irónicamente. Cada vez que tratáis de representar a un personaje, un golpe de viento rebelde os despeina o bien una salva de estornudos os deja exhaustos... ¿Se precisa mucha imaginación para escribir con tanta fantasía como la vida más banal? No lo creo. Plisnier afirma que un autor «nunca inventa nada»: «La imaginación no crea ninguna novela». Yo pienso lo mismo. Cada uno lleva en los pliegues de su memoria rostros e imágenes suficientes como para llenar dos o tres «Comedias humanas». El arte de escribir, además, consiste en prever las reacciones de los lectores. Los latinos lo tenían tan presente que al escribir su correspondencia, se transportaban mentalmente al momento en que su corresponsal leería la carta y redactaban su presente en pasado, pensando en el lector.

En fin, por favor, no habléis como un libro, no seais pesados como un libro. Sed sinceros y espontáneos. Huid de las moralejas gelatino-pomposas que dan ganas de cantar la Marsellesa. Dejad para el infeliz de La Fontaine la fea manera de concluir sus historietas con una moraleja inmoral. Dejad en el museo la panoplia de las exclamaciones, proclamaciones y exhortaciones. Sed vosotros mismos...

5. Himno a la alegría

En el camino de regreso, el sábado por la tarde, puedo ver de semana en semana, cómo las estaciones van modificando el paisaje. Es un film acelerado de imágenes un poco convencionales como las ilustraciones de los calendarios de propaganda. Las hojas amarillean primero, luego se van tostando hasta desaparecer barridas por el viento. El roquedal arquea el lomo bajo un cielo de aguada. La carretera maltrecha que bordea el torrente promete un gran espectáculo para el invierno.

Esta tarde, atravesando este marco, pensaba que el ritmo del curso escolar es bien curioso: otoño, invierno, primavera. Es el tiempo al revés, el mundo a contrapelo. Nuestros alumnos nos dejan a las puertas del verano y nunca se ven madurar los frutos que prometen las flores. El nacimiento de un año escolar sabe a muerte y su muerte tiene un gusto de liberación. Los institutos de mi infancia se parecían a cuarteles, a prisiones o a hospitales. Y —colmo de la desolación— una ley de julio de 1881 prohibía poner murales en sus paredes de color amarillo sucio. En voz baja recitaban una triste canción de asceta: enjaular el cuerpo bajo pretexto de hacer crecer el espíritu. Eran invernaderos de gruesos barrotes. O bien tronaban con una fogosidad aparatosa un canto napoleónico: acuartelar a las generaciones jóvenes para hacer de ellas legiones de dóciles funcionarios. Por lo visto, sólo se podía, adorar lo insignificante y la tristeza concienzuda. Giraudoux presenta, en *Intermezzo*, a un inspector apóstol de tal pedagogía: «Entiendo, afirma, que el conjunto de los alumnos muestra al maestro el mismo rostro severo y uniforme que un juego de dominó». Pero hoy, después de siglos de aburrimiento virtuoso, se empieza a descubrir por fin que no se puede hacer nada de provecho sin entusiasmo. Y que un trabajo no es tanto más fructuoso cuanto más enojoso. Los edificios escolares empiezan a parecerse a maternidades, cosa realmente estupenda. Yo también quisiera que mi enseñanza tuviese sabor a algo nuevo, a brisa de amanecida, que supiese a vida feliz...

6. La tarde de una fiera

Los días se suceden con monotonía, en una sinfonía de grises y tonos apagados. Pero he llegado a encontrar gusto en esta monotonía. Resulta imposible vivir constantemente al ritmo de tragedia corneliana. Como se dice vulgarmente «hay que dar tiempo al tiempo». Hacen falta lentas germinaciones, bajo un horizonte aburrido, para asimilar las hondas convicciones y fortalecerlas con la prueba de las costumbres estancadas. Pero, como contrapartida, al ver las cosas con los prismáticos al revés ¿no se corre el peligro de dar una importancia exagerada a los acontecimientos diarios, demasiado cotidianos?

Esta tarde, al abrir la puerta de mi cuarto, he encontrado, en vez de mi tarjeta de visita, la inscripción: Jean Marais. Furor, tacos, invectivas, anatemas, imprecaciones. Caigo en la cuenta: slogans embadurnados en las paredes, caricaturas improvisadas en las servilletas de papel de los restaurantes: la política y las artes plásticas, tal como por fin en ellos mismos la mediocridad los cambia... Doy vueltas y revueltas en mi habitación como un profesor enjaulado.

«¡Jean Marais! ¡Jean Marais! ¡Por favor!».

«¡Quizá sea porque he olvidado ir al peluquero desde hace por lo menos quince días!».

«¡A pesar de todo!... (censurado)».

«Claro que tampoco tengo de qué quejarme, ya que no pocos profes darían el oro y el moro para cambiar su mote por éste!».

«Tendría que mirarme en el espejo: la comparación me llenaría de orgullo o quizá me obligaría a sonreír con satisfacción».

«En resumidas cuentas, hubiese preferido que hubiesen escogido un actor que diera la impresión de tener alma y sacarla a relucir: un Gérard Philippe, Claude Rich o Philippe Avron, ¡qué sé yo! En este sentido, el motor cuenta cuando menos tanto como la carrocería!».

«Teniendo en cuenta lo que cobro ¡tampoco hay que ser demasiado exigente!».

«Ridículo. Lo que me fastidia sobre todo en esta historia es que nos haga caer en el más estúpido "nivel de colegio": profesores y alumnos enfrentados en orden de batalla: "¡Tirad los primeros, señores estudiantes!". "Follón y castigos son las dos ruedas...". Y mi cólera se pone a navegar en un mar de recuerdos de mi infancia estudiosa, en medio de fantasmas en forma de caricaturas: Hermosa avestruz, Dulcísimo chocho, Pantorrilla de gallo, Pico de uro y tantos otros. ¡Qué letanía! Yo imaginaba otra cosa: una enseñanza sin "lucha de clases", una cantata a varias voces fraternas, un verdadero encuentro libre de toda mezquindad, un diálogo feliz...».

Todavía estoy en ascuas al entrar en clase. Pronuncio un apéndice a mi lección en el más puro estilo irónico-insultante. Explico con finura pero con firmeza a mis «queridos» discípulos que el colegio ni es un cuartel ni una escuela primaria (ni una pensión de familia tampoco). Dada su edad y la mía, se trata de establecer entre nosotros un estilo de relaciones propio de adultos. Las humanidades —en el mejor sentido de la palabra— son un quehacer demasiado serio para tolerar ciertas niñerías. Termino mi discurso citando a Bernanos: «La cólera de los imbéciles devasta el mundo».

(Esta sería la primera y la última intervención tan poco «disciplinar» que tuve a lo largo del curso. Comprendí más tarde que esta pequeña anécdota y mi reacción habían sido decisivos para la formación de nuestro equipo. Era un alumno de otra sección el autor de la inscripción. No creo haberle hecho nada. Sin saberlo él me hizo un gran servicio, al contribuir a catalizar el alma del grupo).

7. El bastón de una sola punta

Uno de mis amigos, que abandonó el magisterio por una carrera administrativa, me decía recientemente que la enseñanza sería una profesión apasionante si no hubiese alumnos por todas partes. Lo cual me hace pensar furiosamente en el mito del imposible «bastón de una sola punta», tan querido de mi profesor de metafísica, o en aquel cuchillo, del que habla Kant, «que no tiene mango y que ha perdido la hoja». Un personaje de Gilbert Cesbron, al que le preguntan «de qué» es profesor, contesta admirablemente: «De niños, como todos los profesores» [1]. En dos palabras se refleja el ideal de todo maestro digno de tal nombre. Lo que importa, no es tanto la materia que se da, cuanto el encuentro con los espíritus vivientes a los que se ve despertar poco a poco. Porque lo más maravilloso de esta profesión es ante todo el encuentro. Pero no resulta nada fácil hacer que se admita esta evidencia. Como no lo es hacer admitir que el ideal no consiste en la enseñanza a base de interruptores del año 2000, con cuadros magnéticos, «baterías de imágenes», electrófonos, magnetófonos, y asientos lanzables para los malos estudiantes insoportables: el pedago-

1. *Entre perros y lobos*, Barcelona 1965, 97.

mátic, el pedagorama, para hablar con la jerga de los muchachos de entonces. La enseñanza ideal consiste mucho más en el diálogo irónico de Sócrates y su discípulo, mientras se lavan los pies en un riachuelo. Este maestro inigualable hacía profesión de no saber nada, pero poseía de manera admirable el genio del encuentro.

En este sentido, el término educador es mucho más rico que el de profesor. Yo no quiero profesar, proferir, profetizar, perorar hasta la edad de la jubilación, sino pasar toda la vida en educar en humanidad, a los hombrecitos, en hacerles crecer en humanidad. Por su título, en cambio, el profesor parece condenado a no ser más que el hombre de la palabra que con la edad y los tics del oficio acaba por convertirse en un manual parlante, un Sísifo charlatán. Como aquel universitario soporífero que se queda tranquilo después de haber despachado con voz monocorde, y sin cambiar una sílaba, la asignatura que preparó meticulosamente hace cuarenta años: «¿Que mis clases no tienen vida? ¡Venga, hombre! ¡Si están en la edad de la madurez!». O aquel otro que se contenta con hacer que el magnetófono le supla. Ese tipo de ridículo, que podría inspirar a un nuevo Molière, raya en el escándalo. La enseñanza, me parece, es un acto de la persona entera, un don de todo el ser, un compromiso. Me gusta la observación de aquella maestra la víspera de un comienzo de curso (era madre de familia, lo que explica las cosas): «No he preparado absolutamente nada. Antes tengo que ver la cara de mis nuevas alumnas». En la universidad, las manos de uno de mis maestros y su mirada ardiente de joven septuagenario me hablaban, más que sus labios, de la infinita paciencia del pensamiento humano. Lo malo es que tantos pedagogos se inclinen por las economías: profesores-jefes de estación que creen que manejan las citas, las ideas, los espíritus como si se tratara de apacibles cambios de aguja... «No se puede, afirmaba Platón, hacer pasar la verdad entre las almas como se trasvasa el vino de una copa a otra». De hecho, la propaganda lo hace cada día más, por desgracia. Pero si la enseñanza llegara a aplicar los mismos métodos, el resultado sería monstruoso: esa afluencia de conocimientos sin vivificar por la inteligencia sería una violencia ciega y sorda, una violación. ¡Bienaventurada la limitación de nuestro espíritu! «¿Qué es en nosotros una respuesta que no hayamos encontrado por nosotros mismos?, se pregunta agudamente A. Valensin en *Regards*. Un cuerpo extraño. Existe una ciencia-tapón así como existen profesores obturantes, que se quejan luego de que sus alumnos estén atiborrados». Sería demasiado ridículo, en último término, que el ser profesor consistiera solamente, como se dice a veces, en enseñar a los muchachos lo que unos viejos nos han enseñado a nosotros mismos.

No, la gloria del maestro no consiste en ser una enciclopedia andante, un «sabelotodo» universal y triunfante. Valensin, aquel maravilloso educador recién citado, se definía a sí mismo como «el compuesto admirable de un hombre inteligente y de un imbécil, con predominio del imbécil. Es mi fuerza y mi debilidad, explicaba. Mi fuerza cuando expongo a los otros una cuestión difícil. Mi debilidad cuando se trata de comprender lo que los otros explican». «El mejor profesor es el que no sabe nada, o cuando menos no quiere saber nada y puede así, al ritmo de su alumno, encontrarlo todo». Un humorista apuntaba recientemente que el célebre «yo no quiero saberlo» no es un ladrido de sargento. Es una salida sublime, digna de Corneille. Para el pedagogo, podría ser una frase de humildad y de esperanza, cada vez que le confían unos alumnos. No quiero saber nada, no quiero imponerles mis verdades. Quiero encontrarlas de nuevo en ellos, rejuvenecidas, resucitadas... Esta es la alegría de la enseñanza. No una alegría de conquistador o de negociante, sino la de un jardinero o de una comadrona que ve surgir, con la vida, la promesa de un mañana feliz. Si se hace caso de G. Bachelard, la gran dicha del pedagogo es la de «gozar de la admiración del discípulo que nos maravillará a su vez al comprender mejor que nosotros» [2].

Más preocupada de informar que de formar, la pedagogía tradicional destila una concepción un poco estereotipada de la «cultura media» y del «hombre honrado». Tiende poco o mucho a formar a todos los espíritus con idéntico sello. Esta perniciosa ilusión hace pensar en la manía criminal de Procusto que acortaba o alargaba a sus víctimas hasta que dieran la talla ideal, la suya probablemente. Creo que nuestro deber de pedagogos consiste más bien en ayudar a que cada uno logre su pleno desarrollo. No hay que atropellar nada, destruir nada, sino sacar a la superficie todas las virtualidades. Es lo que señalaron con acierto los promotores de la Escuela nueva, llevando a cabo una verdadera revolución copernicana: el maestro no ha de tratar de inculcar su saber cueste lo que cueste, sino enseñar al alumno concreto, para que desarrolle todas sus posibilidades, sean las que sean, sabiendo que cada alma tiene un ritmo propio y que es inútil tirar de las hojas de las lechugas para hacer que crezcan más aprisa. Nada de intentar que todos los alumnos de una clase avancen a la par, y menos marcando el paso. Hay que contentarse con crear un clima favorable para que surja una raza de creadores...

Con relativa frecuencia (como todo profesor antes de una evaluación, supongo), repaso la lista de mis alumnos, tratando de hacer balance a propósito de cada uno: ¿dónde está? ¿qué puedo hacer por él? Haría falta poder adaptar la enseñanza a cada uno. «No se tienen con el alma de nuestros niños los mismos cuidados que se tienen con sus pies, observaba un día Claparède. Se les compra unos zapatos a medida, pero no se les prepara una escuela a medida».

Cada alumno es él solo un universo misterioso. Inconmensurable fatuidad profesoral —o inconmensura-

2. J. Hyppolite, *Hommage à Gaston Bachelard*, Paris 1957, 26.

ble orgullo— pretender emitir sobre él un juicio tajante y definitivo. ¿Quién es capaz de prever las aventuras de un espíritu, quién puede escrutar el transfondo de una personalidad todavía oscura para sí misma? «Einstein, que pensaba despacio pero con profundidad y que, a los once años, para distraerse, leía a Kant y tocaba a Beethoven, fue descrito por uno de sus profesores como retrasado mental. A Cézanne no le aceptaron en la escuela de Bellas Artes por dibujo deficiente. Proust coleccionaba malas notas por sus composiciones mal redactadas y Zola obtuvo un cero redondo en literatura francesa» [3]. En más de un cincuenta por ciento de casos, el fracaso escolar se debe a problemas afectivos. Amarrada por un hilo de araña, la inteligencia quedará libre de repente y emprenderá un vuelo insospechado si, afortunadamente, un educador sabe dar en el momento oportuno el empujón necesario. En sí, su intervención puede ser «nada de nada», pero por mínima que sea, requiere dar en el clavo...

En todos los movimientos juveniles en los que he intervenido, con frecuencia se me ha reprochado la excesiva indulgencia. En realidad era una prudencia de orfebre: miedo de romper cualquier delicado mecanismo, esperanza poco razonable de devolver la vida a una alma tullida. ¿Y «si fuera el amor el único clarividente?, escribe Ch. Baudouin, en *Christophe le passeur*. Para llegar a ser un conocedor de hombres, lo que haría falta sería tener para todos y para cada uno la mirada enamorada, la mirada animada de una parcialidad llena de asombro, porque ella es la que ve». Secretamente, una madre prefiere siempre al menos dotado, al más desarmado de sus hijos. Y a base de esperar contra toda esperanza, a base de encontrarle cualidades que no tiene, llega a hacer que broten en él.

3. V. y M. Goertezel, *Cradles of eminence*.

Bergson quería que se tratara «a todo estudiante y aún a todo alumno como si tuviese pasta de maestro» *(Ecrits et paroles)*, que se diera una oportunidad hasta a los más desafortunados. También aquí hay que elegir entre una moral abierta y una moral cerrada, aceptar el desafío y hasta hacer que mientan las estadísticas. Los optimistas pretenden que se puede hacer entender lo que sea a cualquiera, con tal de que se cuente con tiempo y método. Yo creo lo mismo, a condición de amar. Cada día en nuestras clases empieza de nuevo, salvadas las debidas proporciones, el milagro de Alabama: almas ciegas, sordas y mudas que se abren (o se entreabren como las ostras). La enseñanza es uno de los oficios nobles en los que no hay que olvidar nunca que se trabaja con una materia prima hecha de carne, de sangre y de tímidas esperanzas.

8. Con los prismáticos al revés

Mi colega, el profesor de filosofía, tiene la curiosa manía de hablar de los grandes autores como si fuesen sus alumnos: «Kant es un buen chico que habría podido dar mucho más de sí». «Hay mucho abandono y mucho galimatías en el estilo de Sartre, Jean-Paul», etc. Por muy pintoresca que sea, esta manera de actuar me parece enormemente deplorable: consiste en establecer una desproporción casi escandalosa entre el profesor y el genio. Es caer en la caduca concepción del profesor omnisciente, omnipotente, olímpico: un Zeus de la pizarra. En nombre de este ideal, el inspector del *Intermezzo* de Giraudoux critica duramente la idea de las clases al aire libre: «El techo, en la enseñanza, ha de estar en función de que resalte la talla del adulto frente a la talla del niño. Un maestro que actúe al aire libre confiesa que es más pequeño que el árbol, menos corpulento que el buey, menos móvil que la abeja y sacrifica la mejor prueba de su dignidad».

Creo haber heredado de mis antepasados anglosajones cierta dosis de humor, pero no me gusta que se humille al hombre, y menos a los grandes hombres, esos genios armoniosos que a través de los siglos son los pedagogos de la humanidad. Nunca se tendrá suficiente respeto ante ellos y en este sentido la grandeza del maestro está en proporción a su humildad. Cosa poco frecuente. Como señala agudamente Bachelard en *La poétique de l'espace*, «el crítico literario, el profesor de lengua, actuando siempre a lo sabio, a lo juez, padece un complejo de superioridad». A base de perorar, catalogar, la literatura se convierte en una especie de libreta de notas del profe: Víctor Hugo, primero, con 17 puntos, Lamartine y Musset, segundos *ex-aequo* con 16, Vigny, cuarto... ¿No sería preferible mostrar que todos los seres son distintos, que son inclasificables? ¿No sería preferible, como sugiere Jean Guitton, cultivar en los bachilleres el respeto, la admiración, el sentido del misterio de los seres? Hay que desterrar, pues, las clases entendidas a base de competición y lucha, con lo que resulta tan fácil el éxito. Actuar a lo zahorí y no anatómicamente. Buscar, con una paciencia y un respeto infinitos, el despuntar de un pensamiento. No despedazar los textos con el bisturí del raciocinio, que en vez de dar con un autor sólo tropieza con sus despojos. Tener el valor de decir a veces: «Lo que voy a decir tenéis que tomarlo con cierta reserva, corro el peligro de ser injusto, no he logrado penetrar aún en el alma de este autor», o bien: «Desde hace cierto tiempo estamos con el motor frío» o también: «Siempre me ha caído gordo». Hablar con gratitud de los genios de siglos pasados como si viviesen todavía. Y viven: son los «inmortales». Mostrar claramente que todos nuestros pensadores forman un universo coherente donde cada uno ocupa un lugar realmente irremplazable.

9. Apoteosis de la sustracción

Como para muchos profesores, la corrección de los ejercicios es cada semana mi gran tormento. Al comienzo empleaba casi una hora para cada composición. Después llegaba el momento de ponerle una nota. Sólo lo lograba tras interminables debates de conciencia y la desagradable impresión de ser injusto siempre. Algunas revistas de pedagogía traen grandes diagramas que prometen un cálculo infalible y equitativo de las notas: dos puntos para la presentación, cuatro para la ortografía, seis para el estilo, etc. Me dejé arrastrar por tales reclamos y durante algún tiempo me entregué escrupulosamente a esos cálculos de mercachifle, hasta que descubrí que la suma de elementos de apreciación puramente subjetiva era en sí misma subjetiva, aunque las sumas fuesen justas. Finalmente, un buen día renuncié pura y simplemente a poner notas. No precisamente para evitar herir el amor propio de nadie, sino simplemente porque soy totalmente incapaz y porque a mi entender es un absurdo.

Sin que haga falta recurrir a Bergson, el simple sentido común se niega a expresar la cualidad de un trabajo en términos cuantitativos (¿cuántas veces es más hermosa la Gioconda que la Venus hotentote?). Expuse mi punto de vista al director el cual —afortunadamente— se lo tomó bien. En adelante señalaré en los cuadernos escolares: bien, muy bien, puede mejorar, etc. Me resulta totalmente imposible hacerlo de otra manera sin engañar.

Desde siempre, el hombre que tiene miedo a la vida se refugia en los números: funcionarios modelo, matemáticos, financieros (y, para distraerse, los aficionados a las carreras de caballos los fines de semana). Igualmente, el profesor que teme perderse en la complejidad de la vida sólo piensa en sus alumnos a través de cifras interpuestas. La nota es una simplificación abusiva, una seguridad. «Hay que aceptar las reglas de juego, me dicen. No se trata de traducir mediante dos cifras toda esa comedia humana que cada uno arrastra consigo...». Conforme, pero ¿qué es lo que hay que calificar exactamente? ¿Al alumno o al ejercicio? ¿El trabajo, la aplicación y el progreso de cada uno respecto de sí mismo o en relación a sus compañeros? Si un muchacho torpe se supera de pronto, ¿he de ponerle una nota inferior al alumno brillante que hoy da muestras de haber caído en picado? ¿Cómo calificar numéricamente estos dos trabajos entre sí y, al mismo tiempo, teniendo en cuenta su propia evolución? ¿Cómo comparar el heroico esfuerzo de uno y el éxito demasiado fácil del otro? Es un verdadero dilema: haga lo que haga estoy condenado a ser injusto. Una nota no tiene sentido porque viene a expresar demasiadas cosas al mismo tiempo. Hace pensar en los referendums en los que el pueblo tiene que contestar con un solo sí o un solo no a dos o tres cosas al mismo tiempo...

Se dice que Bergson tenía una manera muy personal de comentar las composiciones de sus alumnos. «A veces, comenzaba por el último: "Lástima que por falta de tiempo no hayas desarrollado tal idea apuntada en la frase. En fin, habrá que esperar a la próxima vez. Un poco más de esfuerzo y será un éxito". Así, sin prisa, iba repasando cinco o seis docenas de ejercicios, manteniendo sin aliento al auditorio, mientras iba acercándose al primero. ¡Ay desventurado primero! ¡Qué angustias cuando le iba llegando el turno! Porque al avanzar hacia sus vecinos la voz del juez iba haciéndose cada vez más exigente: El esfuerzo exigido iba en aumento y la falta de tiempo contaba poco. Con tales reproches tan justos, el primero se consolaba porque a fin de cuentas él era el primero, mientras que el dichoso último olvidaba pronto el lugar que ocupaba para pensar sólo en la revancha próxima» [1]. El procedimiento tiene sin duda su valor, pero habría que ser Bergson para sacar todo el provecho. No se puede transformar en institución permanente lo que fue sólo característica de un genio. Se correría el riesgo, traspasándolo a otro nivel, de dar, con las taras del sistema del que precisamente se ha querido huir... No creo que sea suficiente «suprimir los extremos», poner notas entre 4 y 6'5, como aquel profe excesivamente caritativo de mi infancia...

Ciertamente no pretendo convertir en teoría mis problemas de conciencia y mis limitaciones. No pongo en duda que un profesor experimentado sea capaz de encontrar fácilmente una solución satisfactoria. Es verdad también que en muchas materias el problema es menos difícil. Un dictado o un ejercicio de matemáticas pueden calificarse sin dificultad. Pero una composición, una disertación, es como una ventana abierta sobre un alma. Comparar, calcular en este campo, es convertir las clases no en una parcela de almas, sino en un mercado de esclavos, una carnicería de pollos o un tribunal de excepción. Nunca podrán calcularse los desastrosos efectos de la competencia escolar. En vez de desarrollar al máximo sus posibilidades, cada uno se esfuerza sobre todo por suplantar a los compañeros o gandulear en una honesta medianía. Dígase lo que se quiera, lo más frecuente es que el sistema de poner notas no constituya tanto una emulación cuanto una nivelación. Además, Aristóteles o

1. L. Aubert, *Henri Bergson*: Autour du monde (31-12-1928).

Spinoza protestaban ya, no sin razón, contra una educación «fundamentada sobre la vanidad y la envidia», «que trata no tanto de hacer crecer a los chicos cuanto de engrandecerles a expensas de los otros».

Lo que yo reprocho a las notas no es sólo que sean una selección, con todo lo que esto supone de *struggle for life* o de *aurea mediocritas*, sino que sean una sustracción. Una nota es siempre negativa: 8 significa en realidad 10-2. Poner notas es parapetarse tras un ideal teórico, e inaccesible además, a base de tantos puntos cuantos defectos. Nadie se pregunta por lo que el alumno ha hecho: sus progresos, su esfuerzo, su entusiasmo. Sólo se tiene en cuenta lo que no ha hecho, las faltas cometidas. Corregir no significa lo que implica la etimología: poner recto, enderezar. Se limita a hacer el descuento de las lagunas, a detectar los errores y a sancionarlos. Toda nuestra civilización se manifiesta bajo el signo de la sustracción. Con frecuencia la educación familiar es puramente negativa, represiva. Consiste sólo en castigar los excesos, en vez de canalizar y hacer que florezcan los dones. Sólo se enseña a los niños lo que no deben ser o lo que no deben hacer. Y constantemente ven a su alrededor adultos ocupados en recortar los valores, en juzgar a los seres según sus faltas y sus límites. Los domingos por la tarde, a la hora de la televisión los bares se llenan de toda una muchedumbre de expertos. Y los «dioses del estadio» se convierten en pobres niños ante esos despiadados censores obesos y gotosos. De la misma manera, «hacer política» se convierte en el papel de profe que «corrige» las actuaciones de los diputados o de los ministros: «No había que haber hecho esto», «tendría que haber votado...», etc. Es un ejercicio puramente cerebral en el que el alma —es decir, el espíritu de solidaridad, de altruismo, el sentido de responsabilidad— está totalmente ausente. Ser de derechas es un obstinado catarro mental; ser de izquierdas, una incurable agresividad; ser del centro, una muelle irresolución (entiéndaseme bien: en manera alguna trato de elogiar una política de espera complaciente o una dimisión tranquila. Hay que saber comprometerse, y comprometerse hasta derramar la sangre. No hay que olvidar nunca sencillamente que la política es un quehacer de hombres, con todas las bajezas y todas las grandezas que supone).

Finalmente, lo peor de todo, es la mentira de una moral puramente negativa. Ser moral no es jugar al escondite con los vicios. Ser moral no es cosa de respetabilidad y de consideración, como parecían entenderlo en tiempos de los miriñaques. La grandeza de una moral está en que es una llamada, una provocación a la generosidad del ser. No es un conjunto de tabús, sino una invitación a la creatividad, a despreciar el nihilismo y a desafiarlo. No se trata tanto de evitar la injusticia, el mal, la fealdad, cuanto de crear la justicia, la bondad y la belleza. Las más grandes figuras de la humanidad han sido siempre activas, apasionadas, infinitamente más preocupadas por re-inventar el bien que por evitar el mal. Sin duda alguna, lo que las llenaba de maravilla y de ternura era lo que el hombre es, no lo que no es.

Por todas estas razones, no quiero ponerme a garabatear los ejercicios con esa escritura de sangre, angulosa, huraña, erizada de alabardas y de picas, que garrapatea en los márgenes, parte en expedición punitiva por los amplios espacios en blanco, ametralla el texto con admiraciones agresivas y tacha con grandes rasgos rabiosos. En francés «corregir» significa también «apalear»... Algunos llegarían a hacernos creer que la vocación de profesor es una sublimación de tendencias sádicas, o caníbales. A base de ser cortante, se termina por hacer caer las cabezas.

Ante cada ejercicio, solamente (y apasionadamente) quiero iluminar, esclarecer, hacer transparente, en colaboración con el discípulo, claro está. «Sin vosotros no puedo nada». Ya antes, cada vez que tenía la responsabilidad de un grupo de chicos, era mi verdadero «abracadabra». Mediante esta fórmula, obtenía (casi siempre) los mejores esfuerzos. Quisiera convertirla en mi divisa también ahora. Corregir significa primero entablar un diálogo; rectificar, pero buscando las causas profundas de los errores; y por encima de todo, desarrollar los talentos propios de cada uno, estar al acecho de cada mejora.

A un joven que le había presentado sus primeros ensayos literarios, Bergson se contentó con señalarle las mejores páginas. «Comparándolas con las otras, decía, descubrirás por ti mismo tus propias insuficiencias. Pienso que las correcciones más útiles son las que subrayan más las cualidades que los defectos. Se llega antes a remediar los defectos tomando como punto de apoyo las cualidades que contemplando simplemente los defectos señalados. Y hasta no sé si en el segundo caso no despertamos cierta complacencia que nos empuja a declararnos incorregibles» [2]. La lectura de esta frase sacó de sus casillas a uno de mis amigos que da clase de inglés: «¡Apañado estoy si tengo que descontar todas las palabras que están bien usadas en un tema!». Repito que no pretendo en manera alguna elaborar una teoría universal de pedagogía, sino solamente contar una historia que no tiene por qué ser necesariamente ejemplar.

Cuando llega el momento de devolver las composiciones corregidas a sus autores (pero sin calificar, evidentemente), distribuyo los ejemplares sin orden y sin el más mínimo comentario, dejando algunos minutos para que cada uno repase su trabajo. Durante este rato, miro por encima del hombro de éste o aquél, precisando, explicando, o simplemente traduciendo una anotación ilegible. Después, procedemos juntos a la corrección propiamente dicha. Presento al principio observaciones generales sobre la naturaleza del ejercicio, la manera de enfocar el tema, después instrucciones más concretas sobre el vo-

2. G. Maire, *Bergson, mon maître*, Paris 1935.

cabulario, la sintaxis, etc. He conservado algunas expresiones incorrectas, como muestra para el análisis. Las ofrezco a la consideración crítica del grupo. Veo cómo atienden, marcando la cadencia del ritmo de ciertos períodos oratorios embrollados. O se echan a reír ante la lectura de aforismos dignos de Prudhomme. Por lo general el mismo autor de la frase es el primero en reírse. ¿Por qué no? La frase permanece anónima y él sabe que participa en el trabajo comunitario. Cuando invito a la clase a que rectifique la frase desafortunada, el propio interesado suele ser uno de los más activos en proponer soluciones de recambio.

10. Juventud

Quiero hacer de mi clase una comunidad viva. Quiero formar equipo con mis alumnos. Y no se trata sólo de una metáfora para una disertación de final de curso. Cada día va siendo más realidad. Poco a poco se entabla un verdadero diálogo, no un diálogo a estilo platónico: «¡Qué razón tienes, Sócrates!... Realmente... Pero ciertamente, Sócrates», etc. No soy ni un titiritero ni un corifeo. No tengo delante de mí una comparsa, sino muchachos en plena vida con algo que decir. Durante nuestros comentarios de texto, la discusión se pierde a veces por vericuetos inesperados pero siempre apasionados (y apasionantes). Acabo convenciéndome de que el arte de enseñar consiste tanto en saber escuchar como en saber hablar. Pienso con ternura en un alcalde de un pueblecito que empezó un discurso electoral con esta curiosa proclama: «¡Amigos míos, quizá os hayáis dado cuenta ya, tengo las orejas grandes!...». Y con sus manos desplegaba vastos pabellones ligeramente caídos. A continuación explicaba con fuerza que un hombre público no es un hombre de discursos y promesas sino un hombre de diálogo y de escuchar atento: no un hechicero de pueblos, sino, más humildemente, su representante... Como contraste me acuerdo de aquel prefecto de mi infancia que aún ante dos chavales llorosos y mudos de terror, empezaba cada una de sus frases con: «¡Cállense!». Pienso finalmente en Roger, jovencito «bien en todos los sentidos» y perfectamente aceptado por las familias, que había interrumpido bruscamente una de nuestras conversaciones para poner pies en polvorosa. Desconcierto instantáneo de todos. Cuando estuvo a cierta distancia, se volvió para gritar desde la esquina: «Por fin he comprendido: ¡no somos del mismo partido! ¡es inútil discutir!». Bienaventurado sentido del diálogo, de la escucha atenta y receptiva... Con mis alumnos, la atmósfera tensa de los primeros momentos ha dado paso rápidamente a una franca cordialidad. Para evitar el servil «señor» que encajaba mal con nuestro trato, les pedí de una vez para siempre que me llamaran sencillamente por mi nombre. Yo hago lo mismo. También el tuteo es de rigor. He ahí una manera de hacer que se tambalee por su base la ampulosa estatua alegórica de la Instrucción, que domina en el hall de la facultad de letras. No creo que la delicadeza consista en un juego de fórmulas y de ritos. Lo que importa, tanto para un metal como para un hombre, es perder su aspereza original, llegar a unas relaciones sin dificultad con los interlocutores. Para mí estar educado consiste en hacer de la clase una comunidad en la que cada uno pueda desarrollarse libremente. Lo cual exige por parte de todos una franqueza, una sencillez, un espíritu de cooperación que no es tan fácil de lograr desde un principio.

Para ayudarnos, decidimos hacer de vez en cuando una «revisión de vida» sobre nuestro trabajo y nuestra manera de hacer equipo. Tres o cuatro veces por trimestre se presenta la ocasión de un verdadero encuentro. Cada uno puede expresarse libremente, señalar las deficiencias o los progresos, criticar, hacer sugerencias, o exponer fallos. Entonces todos somos verdaderamente iguales. Una vez vencida la primera timidez y animados en este sentido, mis administrados no dudan en abrir el corazón. Se reflexiona, se discute, se proyecta, y sólo se levanta la sesión cuando el ambiente se ha hecho irrespirable por el humo. En las colonias de verano a este tipo de reunión se le llamaba el «guijarro»: cuando el barómetro de la amistad alcanzaba su cota más alta, se traía con gran pompa un pequeño guijarro blanco y se dejaba en medio del corro. Cuando soplaban malos vientos se echaba mano de piedras que iban del gris ratón hasta el negro, según la gravedad de la situación. Aquí no hace falta ningún ceremonial. Sólo basta con determinar las fechas para el encuentro. La misma necesidad se impone, infaliblemente.

Aunque alguna vez resulten comprometidas estas reuniones no son por ello menos enriquecedoras. Es un ir a las fuentes, una verdadera fuente de juventud. Fácilmente se hace uno conservador en su oficio, transformando en secretos de fabricación los anhelos, los entusiasmos fugitivos. Pero esas revisiones de vida se encargan a las mil maravillas de despertarme, de rejuvenecerme y de hacer que admire cada vez más la eterna juventud del mundo y el misterio de cada persona. Desgraciadamente, mis alumnos y yo no vivimos en una isla desierta. Nuestra vida de equipo —y quizá nuestra alegría— despierta no pocos rencores y hasta críticas malévolas. Aprendo así que un colegio es un microcosmos de fácil ebullición... Realmente he de tener cuidado en no ceder a cierta demagogia o al maligno placer de tomar como cabeza de turco el absurdo sistema de enseñanza que yo he padecido en mis tiempos. Estoy absolutamente seguro de que la experiencia no puede fracasar, pero a pesar de ello sigo inquieto. Los demás profesores de la casa practican una pedagogía totalmente tradicional, y temo que la confrontación de los dos métodos produzca en el alma de los alumnos algunos fenómenos de interferencia, o cuando menos moleste a mis colegas en su trabajo. Quiero hacer de mi clase una comunidad abierta al diálogo y no un gueto. Esta obra de unidad no puede hacerse contra lo que sea y es preciso que yo mismo llegue a una verdadera colaboración con mis colegas, si quiero abrir a mis alumnos a esta misma exigencia. No se trata de formar un «frente común» de educadores contra los alumnos, como quisieran los partidarios de la educación autoritaria, sino extender contagiosamente el espíritu de diálogo y de respeto mutuo. Es una obra de gran envergadura. Durante una de nuestras «revisiones de vida» la conversación degenera y llega a arañar un poco a uno de mis colegas que por lo visto maneja a sus alumnos con la destreza de un domador de elefantes. ¿Hay que cortar rápidamente, con peligro de romper una de esas frágiles sintonías que constituyen al alma del equipo? ¿O tengo que hundirme cuerpo a tierra, como Roger cuando temía verse contaminado por mis malos principios? Me quedo como una estatua, contemplando con atención la punta de mis zapatos. En mi infancia, con frecuencia, era capaz de evadirme con la imaginación de una situación embarazosa. Con toda el alma trataba de convertirme en otro: el cartero, el peón caminero o un papú de los antípodas... ¡Pero no es éste el momento de evadirse! Hay que aprovechar cada ocasión para un nuevo enriquecimiento, para un nuevo logro. El altruísmo no es cosa innata, hay que aprenderlo. Con una prudencia de cirujano, trato de abrir los ojos, de hacer que descubran las riquezas de cada uno y las cualidades de sus defectos.

Meses más tarde, tengo la alegría de comprobar que he triunfado más de lo que esperaba. Oigo que mis alumnos elogian a aquel profe al que criticaban tan duramente poco antes. Hablan con espontaneidad e ingenuidad, como si hubiesen sido ellos mismos los que hubiesen descubierto sus méritos. ¡Himno a la alegría!

11. Por el honor del hombre

Durante las vacaciones de navidad, yo también he hecho una seria «revisión de vida». Acabo de descubrir *Antígona* de Anouilh. Nado en una ternura sonriente y grave. Me siento feliz, reconciliado. Pienso en mis alumnos: el próximo curso terminarán el bachillerato, después tendrán que embarcarse en la vida, hacia los encuentros más imprevistos. ¿Mi enseñanza les prepara realmente para tales horizontes? ¿Se les enseña, según dice Rousseau «lo que han de hacer cuando sean hombres y no lo que han de olvidar»? Si no fuese así, ¡qué burla! Me habría contentado con ajustar el paso a las cohortes de pedagogos que desde los siglos de los siglos runrunean la misma melopea; esforzándose por encajonar a los alumnos en el programa de estudios jesuíticos, revisado y corregido por los esbirros de Napoleón; esforzándose en inculcar a todos los espíritus un mismo saber uniforme; esforzándose por adaptar los alumnos a la enseñanza y no la enseñanza a los alumnos. Esta pedagogía de la tontería me hace pensar en aquel vagabundo —un poco simple— que trataba de engordar o de adelgazar según la talla de la ropa que le daban como limosna.

Yo quisiera que mañana mis alumnos llegaran a ser hombres de encuentro y de diálogo. Hace falta, pues, que los estudios literarios se conviertan realmente para nosotros en humanidades en el más noble sentido de la palabra. Que nos ayuden a hacernos más humanos y a humanizar al mundo. Que sean una celebración de la grandeza del hombre: un humanismo. Pero un humanismo que no tiene nada que ver con la farsa de los pequeños eruditos: una pasión devoradora por descubrir, por asumir y por hacer que florezcan todas las virtudes humanas...

He encontrado el objetivo de mi enseñanza, o cuando menos lo esencial. Me falta todavía vestirlo con un programa, unos ejercicios y un método apropiados. Tengo la extraña suerte de poder escogerlos con toda libertad. Sin embargo, aunque estuviese atado al más duro cepo, el problema cambiaría poco. Lo que importa no es tanto el contenido de la enseñanza cuanto su espíritu. Hasta cabría decir, sin miedo a las palabras altisonantes, su ideal. Lo que importa no es tanto estudiar a Ionesco en vez de Molière, Saint-Exupéry más que Corneille, Prévert más que Lamartine. Lo que importa es estudiar a unos y otros con suficiente exigencia y ternura como para aprender de ellos no sólo a escribir, sino a vivir. Lo que importa no es implantar debates, exposiciones en vez de clases magistrales o explicaciones de textos aburridos. Lo que importa es que tales ejercicios preparen realmente a nuestros alumnos para su oficio de hombres. Todo esto lo sentía confusamente, pero es bueno poder formularlo claramente. No se trata de un sueño. Habrá que repetirlo a tiempo y a destiempo, y sobre todo, vivirlo diariamente.

Hasta ahora hemos trabajado sobre cuentos y algunos resúmenes de novelas, con una perspectiva todavía demasiado libresca para mi gusto. Sin abandonar mi plan de trabajo, estoy decidido a hacer de nuestro encuentro con el teatro una verdadera confrontación con la humanidad, que nos saque de nuestros refugios, nos lance en plena vida con su horror o lo grotesco que comporta, su esperanza o su ternura. A través de *Chatterton*, *Chacun sa vérité*, *Huis clos*, descubrimos paso a paso la angustia o la inexplicable alegría de los hombres. *Calígula* de Camus nos zarandea con su doloroso vértigo del absurdo. *Antígona* de Anouilh es un baño de deliciosa ternura. Hay resonancias punzantes en ese sabor místico de la infancia, en los gritos de rebelión contra todo lo que se refiere a la pureza de las almas. En cambio, *Port-Royal* de Montherlant nos deja algo fríos, un poco como si el hecho histórico en sí hubiese eclipsado su representación. Más adelante, a mis discípulos les costó mucho comprender lo grotesco-trágico de *La cantatrice chauve* de Ionesco: un trágico basado no en el enfrentamiento sino en la huida. En vez de atacarse, los seres no pueden alcanzarse. El lenguaje que tendría que unirlos se desmorona como si estuviera roído en su interior por un cáncer...

Ilustro las clases con grandes reproducciones artísticas que me deja el director. Bernard Buffet sirve de telón de fondo para el estudio de Camus. Salvador Dalí y sus «fotografías de ensueño» entabla un curioso diálogo con Ionesco. Mediante aproximaciones y comparaciones, a veces un poco traídas por los pelos, puedo introducir algunos rudimentos de cultura artística.

Siempre que podemos, tratamos de trabajar en equipo, multiplicando las exposiciones de los alumnos, los diálogos. Después de haber estudiado *Hamlet* hacemos el proceso del príncipe de Elsinor, repartiendo los diversos papeles: fiscal, abogado general, defensor, testigos de cargo, testigos de defensa, etc. La experiencia es interesante y formativa en muchos aspectos. Los muchachos aprenden a colocar sus argumentos en orden de batalla, de menos a más, afilándolos o enfrentando los unos a los otros. Jacques puso punto final, a guisa de «moraleja», diciendo: «Mi papel de abogado general no era nada fácil: ¡Hamlet es a la vez tan simpático y tan desconcertante! Y es que resulta tan difícil juzgar a cualquiera...».

Después de un rápido paseo por los jardines de la poesía, de la mano de Verlaine, Mallarmé, Prévert, tendremos que aprender a manejar las ideas, a destilar un texto abstracto separando sus grandes articulaciones. Algunas sesiones de trabajo sobre Pascal, Rousseau, Saint-Exupéry, Camus, etc., serán para mis alumnos como antecámara de la filosofía...

Iniciándoles en el arte de la disertación, tengo la ilusión de formarles en el gusto por la claridad, probidad y rigor intelectuales. Quiero que descubran la «obligación de ser claros» que implica a la vez una elemental cortesía para con los lectores y una sana exigencia frente a sí mismo. «¿Habré sido demasiado oscuro?», nos preguntaba a veces, con hermosa simplicidad, uno de nuestros profesores de universidad. Soy incapaz de olvidar hasta sus palabras, el tono y la mímica (de un perro bretón que acaba de dar con la pista y se agita alegremente ante la trufa). «Hablar impropiamente, afirma Platón, no es sólo un pecado contra la realidad, sino un mal que se hace al alma». Hablar, efectivamente, no es sólo aguzar la epiglotis (placer absurdo de comadres charlatanas como cascadas. Su satisfacción es puramente física, quizá hasta sensual. Poco importa el tema, con tal que logren emborracharse. Disfrutarían igual leyendo alternativamente el listín telefónico). Hablar es darse, ofrecer una verdad que libera, una luz. Hablar es movilizar todos los recursos para enriquecer al otro. Hablar con oscuridad es, pues, conscientemente o no, impedir llegar al don total, retractarse, encogerse. De niño, creía que cada hombre sólo tenía a su disposición una cantidad de palabras. Y que cuando había dilapidado todo su capital, caía muerto. También me escandalizaba oír a las personas mayores intercambiar conscientemente ensordecedoras banalidades sobre el tiempo que hacía, que había hecho, que haría, que habría podido hacer o que habría debido hacer: ¡qué despilfarro! Lo cual no está lejos de ser absurdo. Como todo lo que une a los hombres, la palabra tiene algo de sagrado y no se puede prostituir. Uno de mis amigos que tuvo la suerte de estudiar filosofía con Mounier contaba que sólo le había visto enfadado una vez: para reprochar duramente a un alumno, al que estaba examinando, por su verbalismo inconsistente...

Compongo para mis alumnos en el más puro estilo de los manuales de matemáticas, un método de disertación en siete lecciones. «Teorema I: Una disertación es una respuesta ordenada y razonada a una cuestión precisa propuesta sobre el tema...». Detrás de este brillante tambor-mayor, desfilan como soldados en un desfile, el arte de auscultar un tema, de organizar un plan, de construir un párrafo, el arte de las fórmulas, el de las transiciones, etcétera. Quiero que mis alumnos aprendan a defender, a demostrar, a conducir su pensamiento según una rigurosa trabazón hasta llegar a una conclusión sólidamente fundada. Quiero que su pensamiento dialogue consigo mismo, que se formule a sí mismo objeciones y que se fortalezca triunfando. No hay ejercicio más enriquecedor. Todo hombre tiene dentro de sí un fanático que dormita en compañía de un perfecto cochino. El más humilde ejercicio «dialéctico» es un medio para amordazarle, por lo menos durante un rato. Además, la búsqueda de la antítesis fecunda es la respiración del espíritu. Mi profesor de filosofía daba la impresión de vivir «en las nubes», como se dice vulgarmente, cuando se entregaba a este ejercicio. Arqueaba el torso y modulaba con una sonrisa de satisfacción golosa: «Usted me dirá: Señor... Sí, pero...».

Sería preciso también, como dice Jean Guitton, «educar el oído para la musicalidad, para el ritmo de una frase». No estoy lejos de pensar, siguiendo a Flaubert, que una frase sólo es viable si responde a todas las necesidades de la respiración. Es buena cuando puede declamarse en voz alta: «voceada» (que es término técnico empleado por los actores). Creo que un texto, sea el que sea, está hecho para ser *dicho*. La imprenta, con sus procesiones de hormigas al asalto de las páginas, sólo es un medio para dar figura a la buena y verdadera palabra humana que alcanza el esternón del oyente y vibra en sus costillas como las láminas de un xilófono. Quisiera que mis alumnos pudiesen experimentar corporalmente la arquitectura de una frase, que descubriesen «al oído», lo que «pasa» y lo que «no pasa». Pienso a veces en la asociación que existe entre la danza clásica y la retórica. Mis gentes declamarían a pleno pulmón el texto de sus disertaciones, expresándolo con los pasos de una danza. Un corte en el ritmo, una frase que termina mal o que se pierde en sus propios meandros, se traduciría necesariamente por una sensación de desequilibrio o por una caída. Quisiera que el texto hablara en ellos, al compás de su composición; que hiciesen de la literatura «el lenguaje de una persona que se dirige a otra persona». Ahí está el secreto.

Esta vez me muevo a mis anchas. De momento no tengo nada más que decir. Los profesores felices no tienen historia, y yo soy plenamente feliz: como pez en el agua, en su agua tibia, tan tibia que no llega a saber dónde empieza el agua y dónde llega su cuerpo. Ser feliz es esto, creo yo: no conocer las fronteras que median entre el trabajo y la alegría.

12. Contra la pedagogía del boliche

No puedo pensar sin cólera en uno de mis profesores de universidad. Despachaba sus clases con voz chillona y precipitada, con la arrogancia de un toro premiado en una feria de ganado, o de Miss Universo, que casi es lo mismo. Su enseñanza me hacía pensar en una partida de boliche. Claramente se basaba en el indiscutible axioma de que *sólo él* había sido capaz de «meter la bola». Frente a cualquier problema *sólo él* había encontrado *la* solución, la única clave que permitía interpretar un texto o solucionar un problema, quedando naturalmente todas las otras hipótesis desechadas, castigadas con orejas de burro y con bronca. Salíamos de sus clases deprimidos, desollados, descorazonados, desesperados por no dar nunca con la inalcanzable verdad, a no ser por carambola o por un conocido mimetismo servil.

Desde entonces, comprendí que existe una manera impura de buscar la verdad y la belleza: autoadulación, idolatría de sí mismo. Comprendí también que aunque la verdad no sea para cada uno como un pequeño sol individual y portátil, sin embargo hay muchos caminos que llevan a ella. Porque la verdad es una persona o una relación entre personas. ¿Qué es la verdad para Romeo, para Isolda, para Gandhi? La verdad es para cada uno el camino de sus mayores ternuras. Hay siempre muchas maneras de acercarse a una obra del espíritu humano, que excede a todas las clasificaciones, a todas las categorías en las que se la quiere encerrar. El Rousseau sentimental de unos es tan verdadero como el Rousseau perfectamente racional de otros. Una obra no es un conjunto de tesis demostrables o atacables. Es una ventana abierta sobre un alma.

A mi entender, lo que me ha liberado de caer en el ídolo absurdo de la pedagogía del boliche ha sido la iniciación a la sociología —desgraciadamente demasiado superficial— recibida en la facultad durante el último curso. Nuestro profesor era un etnólogo de corazón (y no es una pura fórmula). A sus ojos, un individuo culto no podía ignorar las costumbres de los dogones de Malí, las viviendas elevadas de los indios hopi, la vida en dos estaciones de los esquimales o el matriarcado entre los melanesios. Lejos de recrear la atmósfera disecada, etiquetada, desempolvada del museo del hombre o de sus engreídas sucursales de provincia, sus clases brindaban un encuentro abigarrado, adornado con un festival permanente de palabras brillantes, lo que no estropeaba en manera alguna el contenido. Según él, se trataba de instaurar un «humanismo realmente ecuménico», de «encontrar el mismo espíritu de la especie tanto en el pensamiento primitivo como en el civilizado, tanto en el pensamiento normal como en el patológico». Nuestra cultura no necesita un suplemento de alma, sino un suplemento de civilización, de sociedad, decía convencido, repitiendo una idea de Lévi-Strauss. «Nuestras relaciones con el mundo se han perfeccionado mientras que las relaciones que tenemos con nuestros semejantes se han quedado como estaban». «Tenemos la cabeza llena pero las manos vacías de nuevas fraternidades». Su única ambición consistía en hacernos descubrir la «solidaridad totalizante de la aventura humana»... [1]. Creo que desde entonces no puedo dejar de experimentar un prejuicio favorable, una simpatía espontánea ante los

1. G. Durand, *Les catégories de l'irrationel, prélude à l'anthropologie:* Esprit (avril 1962).

negros o los asiáticos, lo que, a fin de cuentas, quizá no deje de ser una forma de racismo...

Cuando empecé a dar clase, me encontraba todavía bajo este encanto. Y espero no perderlo mientras viva. A la luz de la etnología, quería que las humanidades mereciesen su verdadero nombre. Se trataba de herborizar entre los conceptos, de disertar, analizar, anatomizar las obras literarias. Yo, por mi parte, quería humildemente hacer oír voces nuevas, abrir horizontes, brindar encuentros, hacer descubrir el múltiple rostro de nuestra patria, la humanidad. «No hay hombre, escribe Ch. du Bos, que no sea mi hermano. Se trata de ampliar mi vista para hacer que llegue hasta los confines del horizonte humano». Utopía. Lo malo es que se viva tan poco de esta verdad. Más de un distinguido profesor, que habrá perorado extensamente, cuidando hasta el extremo la oratoria de las manos, sobre aquello de «Hombre soy y nada humano me es ajeno», contemplará tranquilamente, mientras saborea su postre, cómo se ahoga en sangre la rebelión de los negros americanos, el exterminio de los judíos o la vuelta al hambre de los obreros emigrantes. Hipocresía disimulada, mentira refinada, mojigatería sibarita...

A mi entender, el papel de las explicaciones sobre un autor no ha de consistir tanto en formar el bien decir cuanto en desarrollar las virtudes receptivas. No se aprende en un día a tener un corazón disponible frente a cada uno y a estimarlo como a una persona concreta e irremplazable. Es mucho más fácil emitir juicios definitivos, terminantes. Es fácil vivir en la atmósfera de las películas del oeste, buenos y malos claramente definidos y reconocibles desde el principio. Los llamados «bienpensantes» —probablemente porque nunca piensan— sobresalen en este arte. Lo que ellos llaman pomposamente sus «ideas» no suelen ser más que —hablando con finura— movimientos intestinales. Con frecuencia son espantosamente charlatanes, pero a lo largo de sus discursos resulta difícil encontrar una sola idea. Ronroneadores de slogans, organillos del odio, entonan su cantinela con el inevitable «esa gente», para luego modular convencidos los peores estereotipos, los peores absurdos pontificantes. La «lógica» del racismo, del antisemitismo y otras manías del «esa gente», es exactamente la lógica de aquel inglés recién desembarcado en Calais, que decretaba que todos los franceses son policías y llevan zapatillas de cuadros. La desgracia ha querido que esa docta imbecilidad haya apadrinado tantos crímenes. No hace falta evocar los campos de concentración o los pogroms: por su misma naturaleza, esta manera de hablar es criminal. Juzgar a un ser sin apelación es matarlo, convertirlo en una cosa finita y muerta. Es, según Gabriel Marcel, herirlo de esterilidad, privarle de cierta posibilidad de inventar y de crear que es precisamente lo que le convierte en hombre. Desesperar de un ser, catalogarlo en términos de boletín de notas, en ficha de antecedentes penales o slogan político, es convertirlo en estatua de sal, negar que pueda evolucionar todavía, que esconda tesoros desconocidos (y desconocidos por él mismo, en primer lugar), que pueda sorprender en cualquier instante con sus insospechadas cualidades. Se da más crédito a las lechugas concediéndoles al menos la posibilidad de crecer y de albergar caracoles. En las ciencias humanas, observaba también mi profesor de sociología, no hay que tratar de simplificar las cosas, sino al contrario, complicarlas. Digamos más bien que es preciso, gracias a ellas, tomar conciencia de la complejidad de los fenómenos. El hombre no es una marioneta o una simple etiqueta, es un ser que promete, un ser que inventa. Hay que reconocer, desgraciadamente, que este tipo de humanismo no es el que más destaca en nuestra buena literatura. Cuando éste o aquél (no quiero señalar a nadie, basta con abrir los ojos) muestra la oreja del anticlericalismo, nos encontramos con algo que realmente da grima. Mareante, abismal e inconmensurable tontería que no encuentra otro parecido que el del clericalismo beligerante (Urinarios a la sombra de nuestras catedrales o campanas intempestivas tapando la voz de los oradores socialistas). El pobre Péguy, en sus últimos años, con sólo oír pronunciar el nombre de Jean Jaurès, se subía a la parra. Su injusticia vociferante y patriotera llega literalmente, en algunas de sus obras, hasta la incitación al asesinato. Y el amable Voltaire hace casi lo mismo a propósito de Rousseau. Que me vengan a contar, con palabras acarameladas e hipócritas, que el problema para ellos no era de orden moral sino político. Si la moral no rige nuestra vida de ciudadanos y nuestra conducta frente al adversario, no es más que un cuento de hadas o una canción de cuna...

Desde las primeras semanas de trabajo, descubrí en el horizonte la tentación del «esa gente»... Hacía que estudiasen unos extractos de la novela poco conocida de Jean-Claude Alain, *El reino cerca del mar* [2], que presenta a un militante comunista y a un joven cristiano. Hizo falta advertirles: No razonéis a base de «problemas». No se trata de la confrontación del comunismo y el catolicismo. No hagáis juegos malabares con las etiquetas: comunistas o católicos. ¡Qué más da! Las ejecuciones sumarísimas, las condenas sin matices, dejadlas para los que Bernanos llamaba los imbéciles, los parásitos intelectuales cuya misión consiste, al parecer, en impedir sistemáticamente que la gente piense por sí misma. Que vuestra primera virtud no sea la certeza sino una acogedora humildad que busca siempre la chispa de verdad o de bondad que cada uno lleva consigo y que con frecuencia está oculta. Sed hombres cuya verdad da vida y no ciega toda luz salida de otro hogar. La verdad no es sencilla, y si sale desnuda de todos los pozos es porque rechaza toda clase de uniforme: es un feroz objetor de conciencia. Con lo que con frecuencia está en la cárcel. La verdad no es el álgebra miope de los políticos fanáticos: en favor, en contra, en favor de los «en contra», en contra de los

2. *Le royaume près de la mer,* Paris 1954.

«en favor»... De nuevo G. Cesbron es mi maestro: «el drama de la tierra y su maravilla también, es que *cada uno tiene razón*, que nada ni nadie es totalmente bueno o malo, justo o injusto. Sí, en los debates esenciales, en cuestiones de vida o muerte, sólo los partisanos pueden liquidarlas, solucionarlas con una palabra, zanjarlas. Pero ¡ay de los partisanos!» [3]. La verdad no es, como imaginan los que llevan anteojeras, una perla para guardar en caja fuerte, un fortín asediado que hay que defender con uñas y dientes, una lavativa que hay que poner a todos los contrarios. Nunca se tiene la verdad en propiedad. A la verdad —precisamente es lo que la diferencia de los slogans— no se la posee, se es poseído por ella, o más frecuentemente aún desposeído, desmontado... Acoged con respeto y simpatía todo pensamiento honesto y sincero, aunque hiera en un principio vuestras convicciones. Colocad en lo más alto la tolerancia, no como una debilidad, una vergonzosa concesión (la tolerancia de las casas de tolerancia), sino como una fuerza del alma, una generosidad. Sed positivos, no os dejéis arrastrar por las formidables fuerzas de división, de negación, que están a la orden en el mundo, esa ansia furiosa de tener siempre la última palabra y de cerrar el pico al adversario a puñetazos si es preciso; el demonio de la cruzada y de la guerra santa (siniestra contradicción de palabras. No hay guerra justa y noble. Toda guerra es intrínsecamente perversa).

«Cuando un libro de doscientas páginas, observaba Bergson, en *Ecrits et paroles*, tiene diez páginas instructivas, sugestivas, tendríamos que estar agradecidos al autor y hacer como si el resto no hubiese sido escrito». En boca de un espíritu tan ilustre, esta frase es enormemente conmovedora. Es el mensaje del espíritu y de la vida: una llamada, como sugería Romain Rolland, a «amar a la verdad más que a sí mismo y a los otros más que a la verdad».

3. *Ce siècle appelle au secours*, Paris 1954, 25.

13. El humor, ángel de la guarda de la autoridad

No sé si se debe a la fatiga acumulada a lo largo de la semana o, al contrario, esté producido por la excitación que despierta la proximidad del día de fiesta. Pero las dos horas de clase del sábado por la tarde se ven con frecuencia turbadas por enormes risotadas en espiral que estallan ante el motivo más insignificante o sin el menor motivo. Habrá que intentar dar un día con la explicación de esas manifestaciones explosivas, electrodigestivas, que se propagan como un incendio...

Después de haber soportado durante cierto tiempo esas misteriosas risas con una paciencia altiva, un día naufragué, con una cólera estridente que hizo que se tragaran las risas. Habiendo amainado tanto el ciclón como el anticiclón, nos pusimos a analizar la cuestión entre hombres. Más que poner un bozal a cada uno, es preferible sin duda adoptar un método suave: prever un recreo más largo y momentos de respiro a manera de válvula de escape. A la larga es mejor para el trabajo.

Paradójicamente estas tormentas han contribuido a purificar la atmósfera de nuestro grupo. Sencillas y cordiales hasta entonces, nuestras relaciones se han hecho realmente amistosas. El humor es el angel de la guarda de la autoridad. Se dice que el papa Juan tenía la costumbre de murmurar al despertarse: «Angelo, no te lo tomes demasiado en serio». Inversamente, pienso que a muchos militares rígidos, ceñidos, encorsetados, enjaezados, encaparazonados, cornelianos de alma, y muy preocupados por las «señales exteriores» de respeto que se les debe, lo que les pasa es que carecen de confianza en sí mismos.

14. La mirada tierna y púdica de la jirafa

En la facultad, explicaba hace poco, sin duda con excesiva pasión, que la filosofía antigua es, como suele decirse, «un faro y no un límite». Una estudiante pálida y adiposa que parecía escapada de un cuadro de Rubens, me pide con sonrisa pánfila que precise lo que «el divino Platón» pensaba de la guerra termonuclear. Tiene una manera de arrullar que transforma cualquier frase en página de fotonovela. Le contesto sin gracia que si la obra de Platón no ha de ayudarnos a pensar algo sobre los problemas más cruciales de la hora presente, mejor sería dedicarse a plantar coles en vez de filosofar.

Si nos inclinamos sobre el pasado, es para darlo vivo y no para momificarlo. No se estudia a los autores antiguos para ver qué han dicho o pensado en su tiempo, sino para saber qué siguen diciéndonos hoy aquellos, siempre vivos, que el recuerdo ha tomado en sus brazos. ¿Para qué hablar con fósiles, inclinarse sobre pueblos de ideas muertas? Con demasiada frecuencia, nuestras aulas exhalan la atmósfera nauseabunda de los museos y su pesado aburrimiento. Con demasiada frecuencia, los que tienen como tarea ser maestros en humanidad muestran la mirada tierna y púdica de las jirafas. Su espíritu etéreo planea entre el cielo y la tierra, muy lejos de las contingencias cotidianas.

Nunca se insistirá suficientemente en el escándalo de una enseñanza de la literatura lejos de la vida, fuera de la vida. ¿Acaso se pretende, a través de la paciencia paleontológica de ilusiones muertas, preparar personalidades libres y responsables, adultos dignos de tal nombre? (Dando por supuesto que se piense en este problema).

Por mi parte, quiero dar una enseñanza de vida y no de muerte. Me acusarán sin duda de ser demasiado apasionado, de no hacer caso de matices y minucias, de hacer un trabajo de bulldozer. ¡Qué me importa! Mi papel no consiste en formar académicos provincianos, sino hombres de nuestro tiempo. Como decía Rabelais, el discípulo no es un vaso que se llena sino un fuego que se enciende. Quiero que mis alumnos topen con la profunda angustia de los hombres de hoy, hacer saltar el caparazón de prejuicios moralizantes y pequeño-burgueses en los que se hunden lastimosamente, hacerles permeables, vulnerables a su época, despertar en ellos la inquietud, una de las más valiosas virtudes, quizá, para los hombres actuales que quieran ser conscientes...

15. «Haceos verdes y os comerán las cabras»

Hoy ha venido a verme una nutrida delegación de alumnos, para pedirme les dé una hora más de clase, los viernes por la tarde. Naturalmente he aceptado, pero hasta después no me di cuenta de lo insólito y maravilloso del caso...

16. Lenguaje humano

«...Es preciso construir una hermenéutica, o por lo menos una tipología estructural de los grandes mitemas que constituyen siempre más o menos una hierofanía, un metalenguaje...», etc. Uno de mis profesores de la universidad disfrutaba con esos neologísmos tortuosos. Coquetería intelectual, jerga tecnificada en la que un concepto sería incapaz de encontrar a sus retoños; saboreaba estas palabras herméticas con el mohín goloso de una viuda diabética ante una pastelería. Como estaba dotado también de un humor muy fino, a veces se burlaba de sí mismo e inventaba la *gabinización del arquetipo masculino en la mujer francesa* y frases parecidas. La satisfacción de deslumbrar que experimentan los pedantes es el placer tragón del crío que repite hasta la saciedad la misma palabra (y mejor si es malsonante). Pero no hay que dejarse engañar: existe una pedantería del fontanero o del mozo de equipaje, igual que una pedantería del universitario. Cada profesión, cada casta tiende a conservar celosamente su jerigonza y sus tradiciones; desde el *pathos* de los estudiantes de medicina hasta el argot del hampa, de los marginados. ¿Consistirá el papel de nuestra enseñanza secundaria en iniciar a los críos en el dialecto y los ritos de los grandes *sachems* de la intelectualidad? ¿hemos de convertir a nuestros alumnos en mandarines inaccesible a lo vulgar, o por el contrario enseñarles a dialogar por encima de todas las fronteras (y dialogar exige en primer lugar que se sepa escuchar)? Me encanta la definición de nuestros abuelos: «Tener humanidad es saber conversar con los hombres». Ciertamente hay que iniciar a los bachilleres en el lenguaje usado por los pedantes, pero poniéndoles en guardia contra esos señuelos; haciendo que disfruten con el lenguaje auténtico «sencillo e ingenuo», como le gustaba a Montaigne «tanto sobre el papel como en la boca, un hablar suculento y enérgico, corto y apretado..., deshilvanado y osado..., no pedante, no fratesco (eclesiástico), no pleiteante, sino más bien soldadesco», el lenguaje que se emplea en las tabernas y no en las «escuelas de oratoria». A propósito del lenguaje pulido, oigo hablar con frecuencia del «condicionamiento cultural». La expresión es admirable: en el lenguaje comercial, el condicionamiento quiere decir simplemente el embalaje.

17. La pedagogía de Johnny Halliday

Mis colegas me reprochan que «encandile» a mis alumnos, los cuales, al parecer, salen de algunas de mis clases tan desgreñados, excitados, electrizados, como de un recital de Johnny Halliday. Personalmente, no me parece nada dramático que muchachos de dieciocho años se apasionen por la literatura, hasta el extremo de machacar los oídos de sus compañeros en el comedor o en el recreo. Desde los surrealistas se ha descubierto que las letras y las artes son un excitante en vez de un sedante.

Es una gran verdad que mis alumnos están en una edad en que frecuentemente se vive con los nervios en tensión y en la que los mecanismos de la fatiga sólo actúan débilmente: es la edad del ritmo de trabajo alternante, enorme exaltación y enorme desánimo. Ciertamente es peligroso aproximar un botafuego a un barril de pólvora, pero no hay que confundir excitación con entusiasmo. Una clase aburrida es más excitante, más destructora, más desequilibrante que tres horas de actividad apasionada. Sólo la alegría expansiona, purifica y apacigua.

Mis colegas no ven las cosas de la misma manera. Parece, además, que no es este el único punto de fricción. Pero, en este campo, me rodeo de un manto de untuosa cortesía universitaria.

Litotes, eufemismos, semi-sonrisas de complicidad, ellos hacen visiblemente esfuerzos heroicos para darme a entender... ¿qué? Tuercen el gesto, se desesperan de mis prodigiosas aptitudes para meter la pata... ¿Qué esperan exactamente de mí? ¿qué trate de ser aburrido?

No, ciertamente. Pero... De nuevo la conversación se pierde en sus propios meandros. Da vueltas, gira, piruetea, se enrosca como el perrillo de Chopin que danzaba sobre su cola. Alguien me sugiere que la baja envidia siempre se preocupa por el orden público. No quiero pensar que se trate de esto...

Pesimista, más por método que por temperamento, quiero suponer —¡hipótesis de trabajo!— que tengo madera de un temible faccioso. No llego a entender por qué esta característica tiene que ser incompatible con la función de profesor. Hablando en serio: ¿un pedante linfático, precavido y acatarrado, que despacha versos latinos al fondo de una biblioteca polvorienta, es una figura de presa digna de la cultura humana? Durante una conferencia ante un parterre de madres de familia, un ilustre pedagogo lanzaba hace ya tiempo este curioso consejo: «Dejad que vuestros hijos se arriesguen». Yo por mi parte, quisiera hacer comprender a los muchachos que me han confiado, que la cultura es ante todo un hermoso riesgo y una aventura. Quisiera sensibilizarles al coraje intelectual de los valientes innovadores, de los artistas malditos y de los sabios considerados como rabiosos, antes de celebrar su triunfo. Quisiera mostrarles la enorme cantidad de lágrimas y de sangre que se han necesitado para crear un poco de humanidad. No quiero convertir la enseñanza en un paseo tranquilo por un cementerio sino en un combate en el que cada uno se sienta afectado, alcanzado en lo más íntimo de sí mismo. Quiero que esos muchachos vivan su verdad y que la vivan plenamente.

18. Robert vela por la «moral» de la tropa

Al final de cada trimestre, tiene lugar en el colegio un examen —escrito y oral— que se parece mucho al de bachillerato. Tendrían que hacer lo mismo en todos los institutos para exorcizar poco a poco, como por mitridatismo, el espectro amenazador de los exámenes.

Para el último de tales festejos, al final del tercer trimestre, he encargado a Robert que vele por la «moral» de la tropa. Su temperamento alegre y su semblante apacible le predisponen naturalmente para esta función. Con la ayuda de un paquete de cigarrillos, un cucurucho de piruletas y una botella de tinto, lo ha logrado satisfactoriamente. He llegado a tener envidia de la tranquilidad de mis candidatos. Al colocarme «al otro lado de la barrera», no he salido ganando con el cambio. He sudado copiosamente tratando de luchar contra el nerviosismo de mis interlocutores. Además, reduciendo al estricto mínimum las cuestiones propiamente dichas, trato de aprovechar la ocasión de los exámenes para que cada uno haga un balance y saque conclusiones para el futuro. Compruebo que en resumidas cuentas es infinitamente más agotador tranquilizar, aconsejar, evaluar, animar, profetizar durante horas, que reunir de una vez por todas sus conocimientos y echarlos como champú sobre las cabezas canosas de una sarta de examinadores.

19. Basta con amar

El curso escolar ha terminado felizmente con un acto recreativo, totalmente organizado por los alumnos. El programa consistía en diversos cantos y cuadros escénicos.

Uno de mis viejos amigos —uno de aquellos profesores de antaño, que se entregaban juntamente al celibato y al magisterio, como si de entrar en una orden se tratara— me confiaba un día que el momento más terrible del año era para él el primer día de vacaciones, debido a la aplastante impresión de sentirse inútil de repente. Entiendo lo que quería decir. Los muchachos acaban de irse como una alegre bandada de gorriones y el colegio desierto parece vacío de su sustancia. Es un cuerpo inmenso sin que lo anime vida alguna... Un poco de nostalgia... No dudo que muchos de mis curtidos colegas toman las vacaciones con mucha más filosofía. Y yo mismo, cuando tenga la responsabilidad de una familia, probablemente vea las cosas con otros ojos. Pero todavía soy un novato, ingenuo y apasionado... Tentación de hacer balance...

¡Cómo me gusta este oficio! Creo que era Rousseau quien escribía que la primera cualidad de un educador es la de ser un hombre que no se venda. «Hay oficios tan nobles que no pueden ejercerse por dinero, so pena de indignidad» *(Emilio)*. La enseñanza es un honor, no un ganarse la vida. Claro que quizá por esto los que nos contratan con solicitud y gazmoñería velan con tanto celo para que la profesión no sea demasiado lucrativa...

No, hoy no estoy para esto ni tengo ganas de burlarme o hacer chistes de cualquier cosa... L. Jouvet decía del teatro, en una conferencia pronunciada en Boston en 1948, que es ante todo un acto de amor. «No hay auténtico teatro sin generosidad, sin mutuo afecto, no hay verdadero autor sin emoción, sin pudor y sin ternura... El teatro es un acto de amor, una tarea de ternura». Me parece que podría decirse otro tanto de la enseñanza. Después de un año de dar clase, este aspecto es el que más me llama la atención. Para quienes colocan en lo más alto la amistad, el diálogo entre los hombres, el milagro y la prueba perpetua en este oficio es que se sepa siempre con precisión cuáles son nuestras responsabilidades y lo que el otro espera de nosotros. «No hay que querer a los hombres como quiere el goloso a los tordos», dice en alguna parte san Agustín. La tentación de todo amor consiste en amarse a sí mismo, en amar al otro por la satisfacción que produce y no por él mismo. Y sin embargo, querer ser amado es lo contrario de amar, es el beso del vampiro... Yo quisiera hacer de mi enseñanza una obra desinteresada y no una feria de vanidades: no brillar, no echar polvo a los ojos, sino dar a cada uno lo que necesite; sacar provecho de lo serio y hasta del aspecto un poco árido del trabajo escolar para no engañarme con buenas intenciones. Si las buenas intenciones no producen buena literatura, todavía menos una buena enseñanza. No se trata, para el maestro, de hacerse amar (el «factor Venus» de los psicólogos), sino formar espíritus. Es un encuentro y un enfrentamiento que a veces supone cierta brusquedad. «Qué dura eres», le dice la tierra a la reja del arado que la rotura. La demagogia sería la peor de las debilidades para un educador. Hay que amar a los alumnos no como a un público al que hay que engatusar, sino como a hijos a los que hay que ayudar a que tomen todas sus responsabilidades. Amar con una exigencia totalmente paternal, una exigencia dura y llena de esperanza. Sin ese afecto sin complacencias, no se puede hacer nada bueno. No hay nada tan odioso como un profesor sádico que hace pagar a sus alumnos la nostalgia de una juventud marchita. Y la experiencia muestra que casos así no sólo existen en la imaginación de Dickens. Amar, para un profe, consiste en hacerse muy acogedor, muy disponible a cada uno de sus alumnos: que cada uno, sin excepción, se sienta preferido. Es la única manera de ser justo. Puede que alguien me recuerde mil anécdotas sobre el favoritismo, el enchufismo, las preferencias de muchos profesores, sentimientos todos tan violentos y ciegos como Cupido. Bueno, no somos de piedra. Ante una clase nueva, como ante cualquier galería de rostros, nadie puede impedir que se experimenten espontáneamente movimientos irracionales de simpatía y de antipatía. Reacción tan inevitable que algunos tests de personalidad se fundan sobre este principio.

Basta con conocer el fenómeno y tenerlo en cuenta: un prurito de sensibilidad que no tarda mucho en desaparecer. Cada uno, según temperamento, ha de tomar las medidas necesarias. Ante semejantes zarandajas mi profesor de filosofía solía decir: «*currant aquae*». En san Francisco de Sales se encontrarían amonestaciones hasta poéticas: «Que corra el viento», «no hagáis caso», «no perdáis el tiempo en estas menudencias». La buena sabiduría popular repite con frecuencia que siempre se gana con el conocimiento de las personas: pronto o tarde, en efecto, el alma llega a filtrarse a través del rostro más desgraciado, a través de la más paralizante de las timideces, y es entonces cuando se hace posible el verdadero encuentro.

Enseñar es, ante todo, un acto de amor y nuestras «humanidades» tienen como primer cometido enseñarnos a amar. Uno de los innumerables «colegiales de la canción» que la publicidad ha fabricado estos últimos años disfrutaba susurrando con cierta malignidad: «Si los libros de clase hablaran de amor...». Pero si no hablan de otra cosa, infeliz. Me gustaría dar un día una conferencia con motivo del final de curso sobre este tema: ¿de qué hablan los libros de clase, sino de la infinita paciencia de la humanidad, del lento progreso de la humanidad en el hombre?

En el momento de poner punto final al diario de este curso, no tengo ganas de hacer un brindis o entonar una marcha triunfal. Sólo quiero referirme una vez más a aquel personaje de G. Cesbron que medita ante una ventana abierta, en el mes de mayo, mientras sus alumnos redactan una composición sobre «El sentimiento de la naturaleza»: «Amar. Lo demás es literatura... El lector que cierra el libro para salir a oler una rosa o poner la cara al chaparrón tiene razón. ¡"Un bagaje literario" es una expresión estúpida! El buen alumno es un viajero sin equipaje... No hay que equiparlo, sino aguzarlo, afilarlo... Ojos para ver, oídos para oír y una cabeza bien hecha, es decir, disponible. ¡El cerebro relleno es un ideal de cocinera, no de profesor! Solamente tengo que enseñarles una cosa: amar. Oler por todas partes lo bello, lo bueno, lo verdadero; permanecer fieles a lo más grande que se ha conocido: amar...»[1].

Yo me imagino la humanidad a través del tiempo y el espacio, como una inmensa encrucijada ruidosa de movimientos y llamadas. Somos lo que somos por los encuentros que hemos tenido. Influimos en los otros con frecuencia sin darnos cuenta. Nadie tiene por qué despreciarse a sí mismo: quizá sea como una aurora para un pobre niño o para su perro, cuando menos. Nada se pierde en el universo. Todo es vida. Los fracasos, los sufrimientos, las desesperanzas abren un surco con la impronta

1. *Entre perros y lobos*, Barcelona 1965, 55.

del amor, cuya virtualidad sólo aparentemente queda infecunda. Imposible imaginar que una llamada no despierte a nadie, no encuentre eco alguno. A veces la respuesta germina lentamente y florece, Dios sabe cómo, en otras orillas, en otros tiempos. Pero florece infaliblemente. ¿Cómo explicar si no el entusiasmo brotado de lo más profundo que de repente, inexplicable, irresistiblemente, se apodera de un ser y lo lleva en un instante a «cambiar de vida»? Es el amor que guía al mundo.

Hay en todo hombre, me parece, un enorme deseo de inmortalidad, el sueño de desbordar su vida, de durar más que él mismo, la impaciencia de sus límites. Uno sólo trata de perpetuar su raza, otro intenta «pasar a la posteridad» con una obra artística, lo que sin duda no deja de ser una gran ingenuidad, ya que el polvo de las bibliotecas o de los museos no vale mucho más que el de los cementerios. ¡Yo no noto que mi vida se haya multiplicado desde que mis libros se venden en los grandes almacenes! En cambio, no soy capaz de sacar del tenderete de un librero de ocasión un viejo y grasiento libro de conjuros sin pensar con ternura en el autor, hoy desaparecido, que lo escribió con todo su amor. Mucho más que el arte o la literatura, la enseñanza brinda la oportunidad de multiplicar la propia vida. Algunos de los que más profundamente han dejado huella en la humanidad no escribieron nada. Prefirieron depositar su semilla en el alma de discípulos atentos. Y de una manera pobre, humilde, el mismo misterio se repite en la escuela más miserable. El verdadero secreto no consiste en brillar como un faro o como un gusano de luz, sino en arder de amor y propagar el incendio.

SEGUNDO CURSO

ARIES, AÑO II

(1963-1964)

20. Un nuevo curso

Las vacaciones han sido más bien poco divertidas. He pasado gran parte del tiempo en la habitación de una clínica, a la cabecera de uno de los míos, y el resto enfrentándome con los libros para preparar la licenciatura. El único contacto con el mundo exterior ha sido para mí la correspondencia y el cine. He recibido numerosas postales y cartas de mis alumnos, ¡hace falta tener mucho valor o mucha amistad para escribir a un profe durante las vacaciones! Confieso que no he pasado por esa experiencia. Santiago me dice que mis clases le han ayudado mucho a «descubrir a la gente» y a «abrirse a los demás». A fuerza de verme cubierto de flores, voy a acabar por creer que estoy en un coche fúnebre. Imagino que esto se debe a un detalle de cortesía, pero me ensancha el alma, mucho más que el anuncio de un triunfo en el «lo toma o lo deja» en la especialidad de literatura francesa... Por otra parte la liturgia clownesca de los concursos radiofónicos resulta a mis ojos una especie de obscenidad intelectual. Me temo que dé una imagen desesperadamente caricaturesca de la cultura, la cual tampoco es un «haber» que haya que administrar cual banquero espabilado, sino sobre todo una manera de «ser»...

Después de las largas semanas pasadas por los pasillos de la clínica y de la casa de convalecencia («Ahora ya todo va lo mejor posible, gracias»), la vuelta a clase me da la impresión de empezar las vacaciones. Este año, una vez que he acabado la licenciatura, voy a poder consagrarme por completo a las clases. Después de la experiencia del año último, ya no voy a ciegas. Mi meta, ya lo sé, no es tanto tratar de instruir cuanto de ensanchar los espíritus, ayudarles a ser ellos mismos, hacer saltar las barreras que les impiden desplegar toda su envergadura, hacerles «crecer en humanidad», ayudarles a descubrir con respeto la vocación de todo hombre, un espíritu de diálogo y de descubrimiento en equipo, el humanismo en su dinamismo y su optimismo.

Estas certidumbres suponen a la vez una fuerza y una debilidad. Lo que hacía tan entusiasmante nuestro trabajo el año pasado, era un poco su aspecto casero, la impresión de una búsqueda llevada a cabo día a día, de una aventura con peripecias siempre inesperadas. En este oficio se llega pronto a ser un técnico, un hombre de trucos y triquiñuelas. Como aquel curioso profesor que se había hecho un repertorio con las agudezas y los chascarrillos con que ilustraba sus clases de año en año, con una constancia de reloj suizo. Cuando la enseñanza se mecaniza, cuando el pedagogo se hace una máquina, es de temer que pueda llegar a considerar a su discípulo como una materia prima, como una cosa, mientras que él debería permanecer hasta el último día siendo un inventor, un poeta...

Tengo la cabeza que me arde de proyectos, pero no por eso estoy más seguro. Llego al colegio en el momento del recreo y, como dicen los valientes, tengo que agarrarme de la mano para encontrar el valor de afrontar todos esos rostros desconocidos. Atravieso el patio con la velocidad de un meteoro, evitando todos los grupos. Unos instantes después tomo contacto con el equipo que me va a ser confiado este año. La hornada de 1963-1964 es mayor que la precedente y no me hace gracia.

De una clase nueva se desprende una extraña impresión de uniformidad. Es una muchedumbre heteróclita, multiforme y abigarrada, pero aún anónima. Me pregunto con angustia cómo llegaré a poder distinguir alguna vez cada rostro. Sin duda es el mismo fenómeno que sucede entre las razas humanas. Para muchos europeos todos los asiáticos o todos los negros se parecen como gotas de agua. Hace falta mucha «ternura» para pensar a la recíproca: para un joven vietnamita, por ejemplo, todos los «hocicos puntiagudos» occidentales son rigurosamente indiscernibles. «Sólo se conoce por la amistad», dijo más o menos san Agustín. Sólo en el crepúsculo de la indiferencia todos los gatos son pardos y todos los hombres constituyen una masa indiferenciada...

Para un profe, ya lo he notado, la gran prueba es la mirada de sus alumnos. Como observa Roger Ikor en *Les cas de conscience du professeur*, «el hecho de encontrarse durante nueve meses del año enfrentado a treinta o cuarenta niños y estar sometido a su mirada cándidamente despiadada, corroe la máscara social con la que todos nos protegemos y revela el ser en su verdad, en su singularidad». Un crítico americano afirmaba ya que todo el pensamiento de Sartre estaba condicionado por el estrabismo de su autor. El ojo desviado del filósofo sería, por decirlo así, la nariz de Cleopatra del existencialismo. De niño, Jean-Paul debió estar enfermo de la vista. Ya de mayor, hizo de su defecto una filosofía para tomar revancha o sencillamente para ver claro en sí mismo. El hombre es una medusa para el hombre. La mirada del otro nos estatifica, nos cosifica. «El infierno son los demás», su único placer es vampirizar nuestra libertad. *Ergo gluc*. Cuando sufro en mi oficio estoy tentado de creer que hay parte de verdad en esta teoría abracadabrante. Cuando tenía ocho años estaba convencido de que *Reader's digest* significaba «mirada de la tigresa» *(regard de la tigresse)*. De hecho, ante una clase no domesticada, me siento como perdido. Un veterano de la enseñanza me aseguraba, hace unos días, que es fácil vencer esta angustia llevando gafas ahumadas. Parece una broma, y recuerda la historia de aquel millonario que tenía que llevar gafas negras para no quedar deslumbrado con las joyas de su esposa. Pero los remedios caseros no dejan de tener su eficacia. Me he sorprendido al comprobar que teniendo los ojos a la sombra uno se siente defendido... Todo conferenciante conoce los pequeños subterfugios que emplea para poner tierra entre su miedo y el auditorio: mesa, micrófono, fichas... a manera de trinchera, respaldo de la silla como arbotante, la cazuela de la pipa a la que se agarra como a un salvavidas... Además, el mejor medio de vencer la timidez es sin duda representar un personaje, fingiendo serenidad se acaba por tenerla. «El "parecer" sitúa en camino de llegar a "ser"», dice más o menos Alain. Para abordar un curso nuevo, a la inversa del año pasado, adopto la máscara del señor-muy-seguro-de sí-y-relajado. Nos presentamos, lo que hasta en la mejor sociedad implica cierto apuro. Como decía aquél, no debería procederse a esta pequeña ceremonia hasta que la gente no se conozca. Aconsejo a los alumnos que me llamen por mi nombre y que me tuteen (Marcos me confesó más adelante que este comienzo de clase contrastaba tanto con las costumbres del colegio del que él venía que de pronto pensó que estaba un poco «tocado»).

Para prevenir a mis nuevos amigos de mis cóleras explosivas les explico que habiendo nacido bajo el signo de Aries, tengo el temperamento adecuado, pero que no tengan miedo. Habitualmente los métodos de la defensa pasiva resultan más que suficientes. Me cabreo, rujo, fulmino, lanzo invectivas, pero generalmente la sangre no llega al río.

Uno de mis profesores, que según él había nacido bajo el signo de Taurus (tenía su porte y su potencia), era célebre en toda la región por su cólera devastadora. La «cosa» se desencadenaba en los momentos más imprevistos. El coloso vacilaba sobre su base, atragantándose a mitad de una frase o de una palabra. Su macizo rostro se volvía púrpura, se deformaba en todos los sentidos como una ameba con dispepsia. Después, un espantoso rugido —uno solo— le sacudía de pies a cabeza, hacía temblar los cristales y oscilar las lámparas: llegaba la bronca. Era una avalancha incontenible que arrastraba consigo gruñidos ininteligibles, onomatopeyas, nombres de pájaros y largos períodos oratorios vengativos: «¡Hasta cuándo, insoportables renacuajos, abusaréis de mi paciencia!...». Con frecuencia, en el paroxismo de la tempestad bombardeaba a los folloneros o a los vagos, que habían prendido la mecha, con todos los libros que le caían a mano. De repente, se calmaba la crisis, tan bruscamente como había estallado. El toro contemplaba en silencio las dimensiones del desastre, con ojo de entendido. Sus alumnos, medio ocultos bajo los pupitres, acurrucados bajo la avalancha, comenzaban a respirar. Emitía una risa de ogro y murmuraba: «Perdonadme», y continuaba la clase cogiendo el hilo donde lo había dejado...

Yo no soy más que un Aries infinitamente menos ofensivo. «Aries». El mote me quedó. Y cada vez que me enfadaba en clase durante el año tuve que oír que alguien murmuraba: «Aries, mete tus cuernos». Una especie de Aries cruzado de caracol.

Después de todo lo cual, me lanzo, bayoneta calada, a mi clase inaugural. ¿Qué es la cultura? Lo que queda cuando todo se ha olvidado. Un campo cultivado es un campo labrado, puesto a punto, acogedor para el grano, incluso si aún no se ha sembrado. Pasa lo mismo con un espíritu cultivado. La cultura no consiste en hincharse apresuradamente con conocimientos para destilarlos a continuación, en dosis homeopáticas, durante toda la vida. La cultura es un encuentro. Todo hombre que se encuentra en mi camino modifica mi mirada sobre el mundo: me «cultiva» en el sentido propio del término. Y la literatura no tiene otra función. No es una evasión, no es un suplemento de experiencia imaginaria. ¡Don

Quijote estaba ya bastante ido antes de leer sus famosas novelas! La literatura es un encuentro vivo que nos llama a vivir en plenitud. Los escritores y sus héroes nos abren horizontes, contribuyen a hacernos más acogedores. Durante este año, como el ogro de los cuentos de Perrault, vamos a seguir tras la pista del olor de carne humana. No es necesario establecer una barrera entre la vida y la literatura. Si Fedra os recuerda la suegra de vuestro portero, si James Dean os parece la reencarnación de René de Chateaubriand, y si la clemencia de Augusto la encontráis reencarnada en algún gobernante, pues tanto mejor. Los héroes de la literatura no están hechos solamente de tinta y papel, sino de carne y hueso, de amor, de orgullo y de sueños, y hay que tratar de encontrarse con ellos como con seres vivos...

En resumen, para enseñar a mi auditorio lo que quiere decir hablar, busco con ellos en el diccionario, la definición de «literatura»:

«*Literatura*: Nombre femenino. Conocimiento de las obras y reglas literarias, conjunto de las producciones literarias de un país, de una época...».

Por tanto, hay que buscar el sentido de la palabra «literaria»:

Literaria: Lo que concierne a las bellas letras.

Animo, muchacho, no te desanimes. Busquemos «Bellas letras»:

Bellas letras: Por antonomasia, las letras significa literatura.

Iluminados con tales aclaraciones, podemos comenzar nuestra pesquisa en equipo, sin miedo ni vacilación.

21. En homenaje a L. Meylan

«Sigo pensando que este mundo no tiene sentido, pero sé que hay algo en él que sí lo tiene, el hombre, porque es el único que puede exigirlo». Este pensamiento de Camus puede servirnos de viático para el camino. En los peores momentos de duda o de desánimo, todavía es posible echar mano de esta seguridad, de esta evidencia. Es un último baluarte, y un denominador común sobre el que fácilmente pueden ponerse de acuerdo creyentes y no creyentes.

Yo, por mi parte, creo en el hombre, apasionadamente, visceralmente, con fe ingenua, tonta, si se quiere. ¿Cómo explicar de otra manera esta adhesión incontenible y sin fisuras de todo el ser? Creo en el hombre con la fe que inspiró a Beethoven el *Himno a la alegría*, la fe de Michelet en la *Biblia de la humanidad*, la fe de Saint-Exupéry y de Camus, la fe de Shelley cuyo *Prometeo liberado* clama por las «mañanas extasiadas». Llamemos a esto humanismo: no hay que tener miedo de descolgar de la panoplia esa pobre y vieja palabra prostituida por siglos de politiquerías.

Entonces, si el humanismo es el sentimiento de la grandeza del hombre y el deseo de facilitar su ascensión material, intelectual y moral, no tiene nada de virtud contemplativa. Es un compromiso y una acción, una moral y una política. Pues, apuntaba Maritain, «resulta inútil afirmar la dignidad de la persona humana si no se trabaja en transformar las condiciones que la oprimen»...

Tengo la impresión de que la enseñanza debería ser el crisol de esta idea. Ciertamente no se trata de inculcar a los niños grandes parrafadas heroicas, con el tono de la tabla de multiplicar. Por otra parte, sobre cualquier cosa no se debe, no se puede, inculcar a los alumnos ideas prefabricadas. A partir del momento en que son prefabricadas dejan de ser ideas. Unicamente se puede tratar de crear un clima en torno a ellos, hacerles sensibles la grandeza y la solidaridad humanas, inflamar en ellos el culto a la humanidad y a los grandes hombres, como quería Comte, desarrollar la confianza en el hombre del que ellos son promesa.

En mi tesina de filosofía trato de mostrar, como ironiza mi hermano, «la forma en que están ligadas alma y cuerpo, uno a otro». Pero no es completamente exacto, pues para un discípulo de Aristóteles, el hombre no es un pobre caparazón habitado por un espíritu impalpable. El hombre es fundamentalmente uno: alma encarnada o cuerpo animado. Y esta fundamental unidad del hombre es una de las perspectivas de su grandeza. Todo, absolutamente todo en él: la llama de la mirada, el arpegio de la voz, el sudor, las lágrimas, el pus, todo contribuye a formar el frágil milagro al que se llama hombre.

Precisamente el preparar la bibliografía de mi tesina he descubierto casi por azar la magistral obra del profesor L. Meylan, de Lausanne, *Las humanidades y la persona* [1].

Desde las primeras páginas, experimenté el schock de los más hondos encuentros. Encontré, magistralmente expresadas, con claridad y precisión, todas las ideas o

1. L. Meylan, *Les Humanités et la personne*, Neuchâtel 1944. Cf. también *L'Ecole et la personne*, Neuchatel 1968.

mejor, todas las intuiciones que había sentido nacer en mí a lo largo de mi primer año de enseñanza. ¿Para qué resumir, analizar, glosar, criticar? ¿por qué presumir de haber puesto una pica en Flandes? El secreto está más bien en escuchar y acoger con tan violenta ternura que se recree la obra como si naciese ahora, que se la haga vivir con su propia vida. Es el beso al leproso, el beso que resucita a Blanca Nieves de su féretro de cristal. De hecho, para mí no se trata tanto, de resucitar la obra cuanto de continuarla, de poner en práctica esa enseñanza humanista que he estado viviendo durante meses sin saber darle un nombre. De repente no consigo distinguir la frontera entre las ideas de Meylan y mis propias intuiciones. Es la perfecta alegría, la alegría de ver claro.

La enseñanza humanista que yo buscaba a tientas no es otra cosa que una «educación que tiene conciencia de su fin eterno: actualizar la humanidad en el hombre», hacerlo más humano, más plenamente humano. Los programas de estudios literarios o científicos sólo son medios al servicio de este fin.

En literatura, por ejemplo, el papel del maestro consiste en «dar a conocer y hacer amar las encarnaciones más logradas de la humanidad en el hombre, presentar al hombre en todas las actitudes y en todas las actividades que definen a la humanidad». Debe poner en práctica un «humanismo abierto»: «ser humano es, en primer lugar, no negar a priori la simpatía ante ningún valor humano»; no repetir machaconamente a lo largo del curso: «Soy hombre y nada de lo humano me resulta ajeno», sino dar con la enseñanza una ilustración viva, combatir los chauvinismos, los fanatismos, los prejuicios, para hacer que se descubra la «comunidad que nos une a todos los hombres en la común estima y en la común admiración de los mismos valores».

Librar a los alumnos de una concepción demasiado intelectualista de la cultura, crear un clima en el que puedan florecer plenamente todas sus virtualidades. Desarrollar la atención, el sentido crítico, la facultad de expresión, pero también el valor, la honradez intelectual y el entusiasmo. En resumen, la enseñanza humanista tiene siempre dos vertientes: llegar a hacerse más receptivo, acogiendo todo lo humano y, por otra parte, responder a sus llamadas, aprender a expresarse con la voz y con la pluma. Nunca se debe perder de vista que «el fin de la enseñanza humanista es desarrollar a cada uno según su propia vocación. No hacer de cada alumno un pequeño (¡pequeñísimo!) Cicerón o un pequeño Newton, sino conducir a todos a tomar conciencia de lo que son, de su necesidad interior, de su propia "vocación". Hacer humanidades es descubrir no sólo las raíces de la persona humana sino su propia raíz y su propio poder. La cultura consiste en hacer más fecundo el espíritu, aumentar su rendimiento, estimular su actividad». No se instruye a un alumno, él se instruye a sí mismo gracias a nosotros, lo cual es muy diferente. La cultura no se mide por el número de cosas que se saben, sino por la capacidad de acogida y de comprensión. En este aspecto, mucho más que en ningún otro, es esencial luchar contra la idolatría cuantitativa que es una de las enfermedades mentales de nuestro tiempo.

En esta perspectiva «el maestro no actúa tanto en razón de lo que enseña cuanto de lo que es. Digamos que actuará en la medida en que él mismo haya sufrido, en algún grado, la acción informante de las grandes personalidades que presenta a sus alumnos y se haya asimilado o apropiado los valores que invita a reconocer, a amar y a producir». La enseñanza humanista exige, pues, de sus adeptos «además de saber, una buena salud física y nerviosa, cierto don poético, cierta musicalidad, cierta capacidad de entusiasmo». Es preciso que los alumnos sean poetas y no «fabricantes de gerundios». Que el alumno encuentre en nosotros «amigos que sostienen su ánimo». Que se establezca una verdadera «sociedad espiritual» entre maestro y alumnos. Tienen «en común una tabla de valores que han descubierto juntos en todos los poetas, cuya palabra han oído y contemplado su vida... Entre ellos existe la única igualdad sustancial, la igualdad en el mismo servicio. En este común servicio, el único privilegio del maestro, más rico en experiencia... es poder dar en mayor medida». Que la clase se convierta en una familia espiritual y no en un agregado de individualidades rivales (Para esto, claro está, es necesario «que los maestros realicen previamente entre ellos la forma de sociedad que tratan de establecer entre sus alumnos»).

Este humanismo no constituye sólo una pedagogía sino también una ética. No sólo una moral de tabúes, sino un arte de vivir y de vivir en plenitud. Esta humanidad, cuyas manifestaciones más logradas presentamos a nuestros alumnos, es una promesa y una llamada: ensancha tu corazón hasta los confines del mundo, sé quién eres, desarrolla todas las virtualidades que duermen en ti. En efecto el hombre moral «no es cierto tipo de hombre. No es un hombre haciendo o diciendo ciertas cosas con exclusión de todas las demás. Es el hombre, cualquiera que sea su función, que responda plenamente a sus exigencias..., la persona en el más alto grado de coherencia y eficiencia. Así todos los que, cualquiera que sea su vocación, cualquiera que sea la relación que sostienen con sus semejantes, se dan por entero a esta vocación y se comprometen por entero en sus relaciones, grandes artistas como Homero, Sófocles, Fidias, Virgilio, Dante, Miguel Angel, Rembrandt, Beethoven...; sabios tales como Kepler, Pasteur, Lord Kelvin; filósofos como Spinoza o Leibniz. Todos aquellos cuyo comportamiento es de ejemplar humanidad» son espejo y modelo, todos los que dan a los hombres la pasión de entregar su vida para honra de la humanidad...

Con la ayuda de estas citas, compongo una especie de directorio que distribuyo a mis alumnos sin comentario, diciéndoles solamente que es el programa y el ideal de nuestro trabajo para este año. Después de todo ya están en edad de responsabilizarse de su propia cultura.

(Este texto quedó sepultado bajo un montón de papeles, pero poco antes de pascua experimentó una notable resurrección, en un momento en que era ya posible confrontar las realizaciones y el ideal. Estas páginas fueron para muchos el resumen e ideario de nuestra experiencia).

22. Coro de pequeños beduinos

Oigo con frecuencia a profesores que están de vuelta quejarse de lo penoso que les resulta remolcar a esos cursos indiferentes que a escondidas tratan de matar su aburrimiento echando mano de mil picardías. «No tenía poco valor el buen profe que, cuando las cosas iban mal, corría delante y todos detrás». Recuerdo la desesperación y cólera de una lectora en una universidad inglesa: los más sublimes poemas de la literatura francesa sólo hacían cloquear a sus gordas alumnas un poco tontas, cabezas locas llenas de cancioncillas de perra gorda y foto-novelas, hablando de trapos y de ligues, mariposeando de *flirt* en *flirt*...

Yo, en cambio, lejos de pasarlo mal, tengo la impresión de que la atención de mis alumnos me estimula. Una hora de clase me libera del cansancio o la jaqueca mucho más que todas las aspirinas. Floto gozosamente como un corcho en el agua, con la feliz sensación de que me encuentro en mi lugar. A veces la pasión de mis oyentes llega a una bajamar casi inquietante. Pero ¿por qué preocuparme, por qué enorgullecerme? No soy un artista de *music-hall*. No es *mi* número lo que les entusiasma, sino *nuestro* trabajo. Por su parte, mis colegas aprecian cada vez menos esa petulancia colectiva. Los pobres no pueden, como el año pasado, verse libres de mi molesta presencia durante media semana. Caras adustas y miradas reprobatorias, rictus burlones y alusiones veladas. Sufren heroicamente, pero no por ello dejan de inspirarse discretamente en mis técnicas de trabajo...

Pese a mis buenos propósitos, no he tenido tiempo de preparar un programa de trabajo antes de comenzar el curso. Como el año anterior, echo mano espontáneamente de mis autores preferidos: Cesbron, Anouilh, Cocteau, Saint-Exupéry, Giraudoux, Camus, Bernanos. De hecho cada profesor tiene su despensa literaria y sus manías consagradas. Lo cual permite la improvisación, la profecía, dejar que la boca hable de la abundancia del corazón, dar clases al estilo de fuegos artificiales o cataratas del Niágara, en las que sale todo y se echa el resto. Como pude comprobar anteriormente, la elección de autores contemporáneos tiene la ventaja de aclimatar a mis mozos en los estudios literarios suprimiendo las tristes fronteras entre su vida y el trabajo de clase. Así entran en la literatura a pie firme, sin tener que escalar un Olimpo temible por su aburrimiento y respetabilidad. Penetran como en una casa amiga donde se charla sin dificultad. El traje de etiqueta no es imprescindible. Se sienten a gusto en compañía de mayores comprensivos y acogedores. Así la literatura se convierte en verdadero encuentro. Se apasionan —cólera y ternura— por esos seres con vida, de cuyo trato siempre se sale ganando si se les conoce mejor. Bajo su disfraz de crío que disfruta tocando el timbre de las puertas, se descubre que Jean Cocteau no es sólo un frívolo y genial tocalotodo. Es un despertador y un profesor enérgico que lleva, con una especie de heroísmo, su vocación de despertar los espíritus. Anouilh, ora negro ora rosa, rechinante o brillante, siempre está animado por la misma ternura exigente y triste. Bajo dos registros diferentes, Saint-Exupéry y Camus enseñan el arte de vivir en tiempos de catástrofe. Giraudoux es un sabio con sonrisa de Buda. Su maliciosa ternura sólo es fútil aparentemente. «¿Cómo se llama cuando despunta el día, como hoy, y todo está estropeado, todo está trastornado y sin embargo se respira, y se ha perdido todo, la ciudad arde, los inocentes se matan entre sí, pero los culpables agonizan en un rincón del día que nace?... Se llama la aurora» *(Electra)*.

Noto casi físicamente el impacto de Bernanos sobre mis oyentes. Para descubrir el humanismo, podría ser nuestro guía, ese vaticinador robusto y colérico, ese tierno violento que amaba «el dulce reino de la tierra» mucho más de lo que nunca se atrevió a decir. En cambio, sintonizamos poco con Mauriac. La atmósfera teatral de su obra, estrecha y lujuriosa a la vez, me horripila enormemente, y creo que he contagiado a mis discípulos mi manera de pensar... Desembocamos en la obra de G. Cesbron como si fuese en un claro del bosque. El «niño de cabellos grises», como se llama a sí mismo, es tan cristalino en su exigencia, tan acogedor para el lector, que algunos lo tachan de ingenuo. Pero ¿no será porque la vida es mucho más sencilla de lo que se cree?

Después de ese amable aprendizaje, surgirán encuentros más difíciles y más fecundos. Fortificados por estos primeros ensayos, podremos encontrar sin gran dificultad la misma calidad del diálogo, la misma presencia a través de estilos más desconcertantes y preocupaciones de otros tiempos...

Una vez montado el decorado, es necesario, como dice la canción, que el «coro de pequeños beduinos» haga su aparición. Enseñar no consiste en bracear ideas, sino en forjar espíritus nuevos. A base de pulir mucho los programas y las técnicas se acaba por perder de vista aquella enorme perogrullada: la escuela está para los alumnos y no los alumnos para la escuela.

Jean-Pierre, Daniel, Víctor, Joseph, Christian, Jean-Paul, Robert, Jean-François, Daniel, Charles, Dominique, Pierre, Hubert, François, Serge, José, Marc, Alexandre. Letanía de rostros. Todos juntos forman un buen equipo, simpático, despierto, muy activo: jóvenes entre diecisiete y dieciocho años arrastrados un poco por el idealismo —¡lo contrario sería anormal!— y algunos de veinte o veintidós años. Cada uno tiene su mundo de problemas, sus tristes recuerdos escolares que les impiden alcanzar su verdadera talla. Mi papel consiste precisamente en echar abajo esas estacadas, en adaptarme a cada caso para dar con el lenguaje que pueda conmoverle, el camino que tendría que llevarle a la luz. Pero no se trata en manera alguna de dar veinte o treinta clases particulares. No es posible ni siquiera deseable. Sería renunciar a la preciosa fuente de inspiración que procura el ambiente de una clase colectiva, tan excitante para el espíritu, y, lo que sería peor, renunciar a que dialogaran entre sí, ejercicio mucho más formativo, sin embargo, que todas las arengas posibles e imaginarias. Pero fuera de clase busco establecer contacto personal con cada uno, para ayudarle a resolver sus dificultades escolares. Espero que estas reuniones «a cuatro ojos» se constituyan en una verdadera institución bimestral o más, si pudiese. A lo largo de estos encuentros insisto mucho en el hecho de que cada uno tiene la oportunidad de volver a empezar. Hay que hacer punto y aparte respecto del pasado, los fracasos, las notas. No sólo meterlo todo en el baúl de los recuerdos sino quemarlo, para que no quede ni rastro; hacerse un hombre nuevo, un viajero sin equipaje, un recién nacido, completamente desnudo; dejarse ganar por la exaltación primaveral de un nuevo comienzo. De niño, no podía estrenar un curso, un trimestre, ni siquiera un cuaderno nuevo sin rebosar de ilusiones: De ahora en adelante escribiré con caligrafía de notario, no haré ni una sola falta de ortografía, y mantenía mi promesa... poco tiempo. Creo que en la enseñanza no se le da suficiente lugar a esas celebraciones de renovación...

Sucede a veces que la conversación «a cuatro ojos» se aleja no poco de los problemas escolares. Uno de mis muchachos, que en las «noches oscuras» de sus estudios intentó diversos oficios —peluquero de señoras, fontanero, pintor de brocha gorda—, se preocupa ahora por su orientación y por el lugar que tiene el arte en una vida tan desesperadamente rutinaria. Otro, mozarrón que tras apariencia atlética esconde una sensibilidad de modistilla, me confía que está preocupado, como el gran Meaulnes, por el rostro de una jovencita que entrevió entre dos puertas hace ya algunos meses. Otro, que entre sus compañeros pasa por una tarambana, emplea parte de la noche en describirme la atmósfera irrespirable en la que tiene que vivir con su familia. Desde que a mis trece años conseguí que Jean Marie no se suicidase, no había vuelto a sentir hasta qué punto estamos inermes ante el sufrimiento de los otros... Escucho a cada uno, trato de ser acogedor, pero me opongo ferozmente a jugar a las confidencias o a hacer de «orientador» profesional. Hay que educar la libertad, y no ahogarla, dejar a cada uno la dura satisfacción de decidir por sí mismo sus actos...

También este año estoy decidido a hacer de mi clase una auténtica comunidad humana. Desde las primeras semanas ponemos en marcha las «revisiones de vida» por grupos pequeños. No es ni confesión pública ni autocrítica. Es tiempo de reflexión y de proyectos. Se intenta cambiar de vida, a partir de uno mismo, mirando apaciblemente la existencia. El equipo entero es el que busca hacerse transparente a sí mismo, y ¡con qué desarmante sencillez para subrayar las lagunas, qué imaginación creadora para encontrar nuevas soluciones, qué delicadeza para estar al tanto de la susceptibilidad de unos y la timidez de otros!

La más exigente sinceridad es la regla de oro de estos intercambios. Para ser eficaces deben abatir todas las barreras, todas las jerarquías, los respetos que ahogan o las admiraciones paralizantes. Hay que hablar claro, como entre compañeros, como entre iguales. Sólo con esta condición el diálogo puede mejorar nuestras técnicas de trabajo, hacer nuestras relaciones más sencillas y más directas; en resumen, eliminar todo lo que frene nuestro impulso. Gozo con esta franqueza, aunque pague el pato.

François, que en su infancia debió de sentirse perseguido por unos padres con el estribillo «estate quieto», se preocupa un día por mi columna vertebral a la que durante la clase someto a peligrosas acrobacias. Marc me reprocha el que asesine injustamente a algunos autores, sobre todo al infeliz de La Fontaine (que de hecho me parece el precursor y arquetipo de los viejos *schnocks* contemporáneos). Robert me conmina a que deje de fumar y beber poco menos de dos litros de café diarios, para que la clase tenga un ambiente más sereno (acepto intentar la experiencia). Siento recompensados mis esfuerzos mucho más con esta franqueza brutal que con un respeto servil. Me gusta que los hombres puedan mirarse a la cara sin bajar los ojos. Nuestro papel de educador ¿consiste en formar sujetos blandos y dóciles o ciudadanos libres y responsables? Nunca es demasiado tarde para empezar. «Dejad de llamarme "patrón" lanzaba hace poco un jefe de estudios a sus estudiantes. En latín *patronus* significa padre gordo». Dicho esto se acariciaba el abdomen con una mueca de profundo disgusto. Claramente se preocupaba mucho más de su «línea» que de la pedagogía activa. Al ser yo peso gallo no comparto sus inquietudes, al menos por ahora. Sin embargo, me opongo obstinadamente a pensar como tantos otros: «la clase soy yo». Sencillamente porque no es cierto: las reflexiones, preguntas, reacciones de mis muchachos se mezclan con la sustancia de mis clases. Mis «alumnos» enseñan tanto más que yo mismo. Entonces, ¿cómo imponerles normas rígidas? La disciplina no puede ser para nosotros una picota, sino un camino, pero un camino que nos trazamos nosotros mismos.

Se me objetará sin duda que, contando con la naturaleza humana, los castigos son tan indispensables como las barandillas. Antes creían que se lograba de la misma manera la salsa mahonesa que la educación del delfín: manejando bien el palo. Así pensaba probablemente la condesa de Ségur, cuyo mini-sadismo glotón y virtuoso ha preocupado a más de un psicoanalista. Seguramente compartía también este punto de vista el valiente militar retirado, antiguo animador de un comando de fusileros marinos, que fue promovido «educador» en el internado de mi infancia. Los fines de semana, cuando el alboroto llegaba a hacerse insoportable, conseguía a duras penas, a base de gritos y furor, alinear a sus juguetones y electrizados muchachos, para repartirle a cada uno con perfecta imparcialidad un par de bofetadas y una patada en el trasero... todo perfectamente.

Se me echarán en cara, masivamente, todas las desgraciadas experiencias de «colegios imposibles», de fracasadas ciudades de muchachos... Gemido de violín sobre la debilidad de los adultos de hoy, fanfarria wagneriana para celebrar las virtudes de los colegios militares o del instituto del abuelo, increíble *potpourri* de anécdotas sobre la educación a la americana y la pedagogía del *laisser-faire*.

Escucho como un melómano, la cabeza contra el hombro. ¿Desde hace cuánto tiempo se remachan esas músicas indigestas? Se encuentran ya en Hesíodo y hasta en los papiros del antiguo Egipto, las mismas expresiones indignadas contra la juventud moderna y la decadencia galopante de la educación que hacen enrojecer a los antiguos en sus tumbas.

Una vez más, no tengo otra ambición que contar aquí una historia real y que me convence. No pretendo que la experiencia tenga valor universal. Lo que es posible con un puñado de muchachos tranquilos y casi adultos, quizá no pueda adaptarse tal cual a una escuela maternal o a una penitenciaría. Pero estoy seguro de que el principio en el que nos hemos inspirado sigue siendo válido para todos, a través de la adaptación exigida por las circunstancias y los individuos; y también con la destreza, la inspiración, que distingue, entre los pedagogos, al hombre de vocación del mercenario: ese no-sé-qué, que ningún tratado, ninguna escuela ha podido catalogar nunca, pero que es indispensable para el éxito. «A director capaz, no hay colegio imposible». Platón afirmaba ya en su tiempo que «un hombre libre no puede aprender siendo esclavo».

Se trata de sustituir la disciplina autoritaria y represiva, impuesta de arriba abajo a un grupo temeroso, por un aprendizaje progresivo y positivo de la libertad. No consiste en abandonar el niño a su naturaleza (mito romántico de la infancia ideal o del buen salvaje, de funestos efectos), sino en hacerle participar en su propia formación. Este es el mensaje de la escuela nueva: permitir al hombrecito hacerse cargo poco a poco de la dirección de su vida. que avance libremente y de buen grado hacia un ideal completamente aceptado y amado. Que se adhiera cordialmente y desde el interior a las reglas del grupo. Obedecerá mucho mejor si comprende la razón de ser y la necesidad. Se puede obtener cualquier cosa de un muchacho bien templado, si se le toma en serio y se le concede juiciosamente su parte de responsabilidad.

Toda esta teoría está demostrada por múltiples experiencias, es posible tomar colegialmente con los alumnos las decisiones que afectan a la vida de la comunidad: asambleas de clase, auto-gobierno, comisiones... ¿Por qué llamarlo utopía? Desde hace años, el sistema funciona satisfactoriamente en los centros de reeducación de delincuentes. ¿Por qué habría de fracasar en nuestros apacibles colegios? Sin embargo, no hay que ocultar que esta disciplina «horizontal» es infinitamente más exigente, tanto para el profesor como para los alumnos. Hace falta valor para cada día. Ahogados por el sentimiento de las nuevas responsabilidades, unos llegan a echar de menos los follones y las imposiciones de antes (bastaba con dejarse llevar) y el otro se sorprende vergonzosamente pensando en un golpe de estado... Pero en definitiva, la autoridad, en el más noble sentido del término, cambia de registro y sale engrandecida por esta cooperación. El clima mejora, aumenta el rendimiento al mismo tiempo que se afirma su ideal. Jamás se reprochará suficientemente a la enseñanza tradicional su individualismo exacerbado. Espoleaba artificialmente los espíritus mediante la competición y la vanidad, y más tarde la sociedad era quien pagaba la factura. Por el contrario, el diálogo es formador de la persona moral y del ser social. Recientes acontecimientos lo han demostrado: el hombre concede más valor al sentimiento de su dignidad que a su propia vida.

A finales de octubre, dos de mis alumnos del año anterior vienen a exponer al equipo cómo comprendieron la cultura literaria y ese «humanismo» que anima nuestra búsqueda. Su testimonio tiene evidentemente mucho más peso que todas las exhortaciones que pudiera hacer yo mismo.

Robert pronuncia un auténtico discurso, salpicado de citas latinas: «El humanismo es una moral que acoge todos los valores terrenos, una llamada a abrirse a todo lo humano y a descubrir el valor irremplazable de todo hombre...». Con más sobriedad, Jacques resulta igualmente convincente: «El humanismo es la feroz voluntad de hacer que el hombre se realice plenamente, en su cuerpo y en su espíritu de manera inseparable. La cultura se identifica con la vida. Se leen novelas, se va al teatro o al cine para hacerse más humano, para empaparse de todos los valores humanos, para ir al encuentro de los hombres...».

Entre los asistentes, Charles se siente de repente llevado por un legítimo orgullo: «¡Y pensar que dentro de un año, yo mismo podré hablar de nuestro trabajo como de una aventura!...».

23. El hijo de una noche de Idumea

Noche de insomnio. Repienso de punta a cabo todo mi programa de trabajo, o más bien lo *pienso*, de una vez para siempre, a la luz de las ideas de Meylan. Hasta ahora los proyectos algo nebulosos bullían en mi espíritu en medio de un auténtico hervidero mental.

Ante todo, hay que *humanizar*, ayudar a cada uno a desarrollarse plenamente y a «convertirse en el hombre que germinalmente es». Pero para suscitar y cultivar en cada uno las diversas virtualidades de la persona es preciso, anota Meylan, hacer que «re-sienta, reevalúe, repiense el patrimonio de la humanidad», hacer que explore siglos y continentes, que descubra «las obras que expresan más fiel y más sugestivamente la naturaleza y la vocación del hombre». Es preciso, por tanto, superar el absurdo «chauvinismo» de la enseñanza tradicional que finge ignorar el *Fausto* de Goethe, la *Divina comedia*, Shakespeare, Cervantes o el Corán; poner fin al privilegio francamente monstruoso de lo que hipócritamente se llama «el siglo de oro» clásico. Hace falta que los alumnos puedan revivir «con la imaginación y la simpatía el devenir de la humanidad»; que respiren el alma de las diversas épocas y las diversas civilizaciones; que «no se sientan en manera alguna extraños ante ninguna de las creaciones humanas cuyo conjunto constituye la civilización humana».

Estoy oyendo un montón de protestas: un programa así resulta pletórico, demencial, pantagruélico; con tanta codicia, se corre el riesgo de mariposear inútilmente, de hacer acopio de naderías en vez de amueblar realmente los espíritus... «Amueblar», «nutrir»: siempre en perspectiva ese ideal de ama de casa, cuando de lo que se trata es de «despertar», de dar vida. Está claro que quien se instruye y se cultiva es el mismo alumno, y nadie puede sustituirle. Al maestro sólo le corresponde un papel de catalizador y no debe atiborrar sino abrir el apetito. Mis clases sólo pueden brindar un marco de referencia y algunos encuentros privilegiados. Sobre todo tienen que abrir el apetito para un estudio más profundo. Creo (quizás ingenuamente) que algo he logrado. El ansia canina de información y de lecturas complementarias se ha convertido en algo inquietante en algunos de mis discípulos.

Prácticamente tengo la ambición de recorrer a lo largo del curso con mis alumnos el camino de la historia de la civilización occidental (con algunas incursiones por Oriente), desde el «milagro griego» hasta nuestros días. Redescubrir, como poeta más que como turista, los monumentos de humanidad que el tiempo nos ha dejado: el noble Héctor y el «inquieto Aquiles»; el Sócrates del *Fedón*; el *Prometeo* de Esquilo, tierno e intratable; *Antígona*, nuestra eterna juventud; la piadosa y furiosa *Electra*; *Edipo*, el fulminado (tal como Cocteau lo imagina en *La machine infernale*. Hallazgo genial ese regreso del fantasma de Yocasta —la madre y no la esposa— que viene a reconfortar a Edipo ciego camino del destierro...). Y tantos y tantos otros, al compás de los siglos... A través de rostros, textos característicos, grabados o fragmentos de música iremos bañándonos en el ambiente de cada época. Además —con peligro de que surjan incidentes fronterizos con el profesor de historia— presentaré, para cada uno de los grandes períodos, un encuadre sucinto de la situación política, del arte, los descubrimientos científicos, las creencias religiosas...

Es preciso también que mis aprendices de humanistas adquieran métodos de trabajo. De nuevo echo mano de mi teoría de la disertación en siete lecciones, redondeada por la experiencia y acompañada de un montón de ejercicios. Propongo a mis alumnos un gran número de disertaciones, algunas de las cuales serán preparadas en equipo. De vez en cuando pido a uno u otro que dirija la discusión, a propósito de nuestros comentarios de texto. Este trabajo de moderador educa irremisiblemente para el arte del diálogo. Es una prueba sin contemplaciones que hace descubrir hasta la angustia el peso de las palabras y de los silencios. Metódicamente se acostumbran también a tomar notas de una conferencia, a hacer fichas tras una lectura. O bien se trata de ejercicios de estilo: corregir el galimatías pretencioso del periódico local, desmenuzar un largo discurso en sus articulaciones lógicas, desmantelar un razonamiento especioso y descubrir sus contradicciones...

Esta manera de bruñir las armas sorprende e inquieta a veces a mis muchachos. Les tranquilizo: no se trata de cortarlos a todos por el mismo patrón. Bien asimiladas, estas técnicas se convertirán en trampolín de cada personalidad...

El fruto más visible y más llamativo de mi «noche pedagógica» es un gran zafarrancho en la disposición de la clase. Instalamos las mesas en forma de herradura, para dar pie a que cada uno se exprese y dialogue más libremente con sus camaradas. En frente, un gran tablero de corcho para clavar los grabados. También con la mirada se puede descubrir el rostro de los siglos pasados...

24. «Pintar y amar es lo mismo»

Celebrando la pintura contemporánea

Después de haber reclamado a grito limpio, durante todo el año anterior, que se estableciese en el colegio una verdadera iniciación artística, me sorprendí al ver que había ganado la baza. El director organiza, cada domingo por la tarde, audiciones de discos y me concede una hora por la mañana para que trate de interesar en las artes plásticas a los alumnos de todos los cursos. Una vez más, mi programa está muy influenciado por mis gustos y por las limitaciones del material. Abarca un siglo, de Manet a Georges Mathieu. Quizá hubiese sido más provechoso tener en cuenta obras características de todos los siglos, como hago con mis alumnos, comentando reproducciones de cuadros, esculturas y monumentos célebres de las épocas que estudiamos. Queremos embebernos en el alma de la humanidad, al filo de los siglos, y con textos solos, por bien seleccionados que sean, no basta. Desafío a quien quiera que resulta imposible comprender a Voltaire y su «odiosa sonrisa» sin haber visto la escultura de Houdon. De la misma manera, no se conoce a Albert Camus mientras no se haya escuchado la grabación de su voz cálida y cordial...

Uno de mis amigos me decía hace poco que en materia artística la ignorancia de los bachilleres y hasta de nuestros universitarios es absolutamente pavorosa. Tardé poco en comprobarlo *de visu*. «He perdido los brazos», como dice la Venus de Milo. Cada domingo por la mañana tengo la impresión de que causo el mismo asombro espiroidal que si hablara de la seguridad social en Brasil. Me reprocho con frecuencia ser demasiado charlatán, convertirme en el inaguantable pedante invisible de los documentales: los comentarios excesivos terminan por borrar el tema de mis admiraciones, en vez de subrayarlo. Es verdad que tal escollo es casi inevitable en ocasiones como éstas. La pintura contemporánea, con sus múltiples teorías, sus prolíficas escuelas y sus revoluciones de palacio, es quizás una de las más «intelectuales» que jamás hayan existido. Ciertamente lo bueno sería dejar que las obras hablaran por sí mismas (que llevaran al discípulo a crear por sí mismo al inspirarse en ellas), pero dudo que, sin introducción, el mensaje llegara a ser comprendido de verdad.

No he tardado en comprender también que los fenómenos alérgicos que manifiestan algunos de mis oyentes son esencialmente de orden moral. Como siempre, mi ideal consiste en que surja el encuentro con lo humano. Pero a propósito de la pintura contemporánea, resulta fácil tropezarse con masas saturadas de prejuicios, sarcasmos y condenaciones sin apelación. Hay que sortear entonces la estupidez obturante, monolítica y triunfal, la estupidez que nunca confiesa: «No comprendo», sino que afirma perentoriamente: «Es absurdo», «es horroroso», con una seguridad tan maciza como su ignorancia. La estupidez satisfecha, orgullosa de sí y solemne que se erige en juez absoluto. La estupidez que pretende poseer la verdad y la belleza, y no dejarse expropiar por ellas. Por esto se pregunta constantemente: «¿Qué representa esto?». Efectivamente, pegar una etiqueta a una realidad es apropiársela, convertirla en cosa: *mi* pipa, *mi* mujer, *mi* diputado y *mi puesta de sol en el Mediterráneo* comprada a bajo precio. En cambio, el *Ovalo número 2* de Kandinski o el *Cuadro I* de Mondrian nos cuestiona, nos expropian. Respecto de quienes rechazan de una vez por todas dejarse desorientar por una belleza insólita, abrigo la sospecha de que siguen igualmente desconfiados y precavidos ante sus amores o ante su destino. Pequeños burgueses sentenciosos, avaros de ternura...

«¿Qué representa esto?». Y Picasso, cínico, responde bruscamente: «Un millón, señora». Es el único lenguaje que la carcamal podía comprender. Noto que me siento caníbal cuando veo a amables analfabetos dar vueltas en torno a una escultura de Giacometti o incluso de Rodin, tratando de descubrir los ojos, la boca, la nariz, en vez de acoger la obra: la materia esculpida, torturada, humanizada al compás de los sentimientos del artista, y que habla por sí misma...

Para formar la capacidad de acogida y de humildad, he escogido, sin darme cuenta, la prueba más dura. Nada tan desconcertante, tan desinstalador como la pintura contemporánea, con su misticismo y su rebelión. La gran oportunidad de nuestra época es que, gracias a los progresos de la fotografía sobre todo, las artes gráficas no tengan que preocuparse tanto de representar los objetos y puedan lanzarse a la esencia de la obra en sí misma. Se pinta por el sólo placer de pintar y no para inmortalizar una visión fugitiva: retirada de la torre de Plumet, la encantadora carita de la generala Trogne, o la naturaleza muerta de los cactus. Libre de todas sus funciones anejas, el cuadro no tiene más objetivo que ser, como quería Delacroix, «una fiesta para la vista». Teóricamente tendría que ser más fácil simpatizar con la visión de un pintor no figurativo. Libres de los objetos, habría que comulgar inmediatamente con el universo espiritual del artista, en vez de buscar idiotamente ver qué ha visto. Entonces el cuadro sólo es una ventana abierta sobre un alma. «Una pintura, anota Picasso, es la mejor imagen oculta de quien la ha realizado», tanto si se trata de un paisaje como de un retrato. Oscar Wilde cuenta la historia de aquel pintor que no se atrevía a exponer el retrato de uno de sus jóvenes «amigos», temeroso de que apareciesen así los sentimientos equívocos que experimentaba. En sí mismos y no en el exterior es donde los pintores encuentran su inspiración. ¿Por qué, pues, se pregunta Kandinsky, no tienen el derecho de concederse la misma libertad que los músicos (y pintar por ejemplo un cuadro con ritmo de jazz, al estilo de Georges Mathieu)? Desgraciadamente estas verdades que alcanzan casi el nivel de la evidencia chocan contra las murallas de la ignorancia universal. La llamada perspectiva «clásica» o «italiana» corresponde, a fin de cuentas, a la visión de un tuerto que tuviese el ojo totalmente inmóvil (con una retina plana como una pantalla de cine) y que, encima, viese los objetos por primera vez: cíclope fenomenal, paralítico y chocho. Imposible imaginar un convencionalismo más arbitrario. Pero «el buen público» se encandila ante él como viejo papú al que hicieran subir a un cocotero, y lanza gritos de muerte cada vez que el cubismo, por ejemplo, comete un crimen de esa perspectiva.

Estoy seguro de que tendré que ver cómo se fruncen ciertos ceños, se endurecen no pocos rostros, se obstinan, a medida que vaya desarrollándose el programa: los impresionistas, Cézanne, Van Gogh, Gauguin, los «fauvistas», los cubistas, los surrealistas, los «no figurativos», la vuelta del expresionismo... Sabido es que un pintor genial sólo es comprendido por el público cincuenta años después, a no ser que entre en juego el snobismo. Lo mismo cabe decir de Cézanne que de Rembrandt. Pero pienso que, frente a la pintura actual, toda una categoría de seres permanecerá siempre impermeable: los que han rechazado, de una vez para siempre, el dejarse desinstalar, desatontar, deshabituar de su rutina. Seguramente resulte más fácil contar la historia del retrato-robot pintado por Picasso que descubre a una monjita, un elefante y una cosechadora-trilladora, que el dejarse cuestionar por una obra de arte. Se dice, a veces, que los artistas son los educadores de la humanidad que afinan nuestra percepción y nuestra alma. Con Turner, se descubre lo que es una puesta de sol. Constable y Th. Rousseau ayudan a contemplar un prado, un bosquecillo, una arboleda de manera muy distinta que un plato de espinacas. Léger, igual que Honegger o Cendrars, hace percibir la vida, el alma de la máquina. Los artistas son los educadores de la humanidad. ¡Pero es preciso que uno quiera dejarse educar! El sacristán siempre está dispuesto a dar una lección al cura y «la gente bien» prefiere sonreír con socarronería, levantar los hombros o pontificar, según su temperamento.

Pese al incorregible bunker (artístico, en este caso), consigo hacerme entender. El entusiasmo de una docena de apasionados se extiende poco a poco como mancha de aceite. Además, algunas obras se cuelan más fácilmente por el camino del corazón. Mis jóvenes idealistas «se abren a la verdad de arriba a abajo», como diría Bernanos. Se emocionan al descubrir la manera como Gauguin o Chagall tratan de dar cuerpo pictórico a valores eternos. El descubrimiento de obras no figurativas sin duda será siempre más difícil. Considero, sin embargo, a Manessier o Singier, como los más auténticos testigos de nuestro tiempo. Poco a poco mis muchachos van comprendiendo, con el alma y con el corazón, que un creador no escoge sus técnicas como se escoge un sombrero. Y que no se pueden establecer fronteras arbitrarias entre las diferentes fases de elaboración de una obra. «Pintar y amar, es lo mismo» afirma Chagall. Un cuadro sólo logra su objetivo cuando penetra en un alma, cuando despierta a su vez un amor que le resucita.

25. La voz humana

La voz humana es el mejor invento que se ha hecho, desde que el mundo es mundo, para humanizar al hombre. Diciéndose y hablando ante un auditorio, uno se convierte poco a poco en él mismo.

Durante mi primer año de profesor, con frecuencia he echado mano de la lectura en voz alta, de las disertaciones, del diálogo para ayudar a mis alumnos a desarrollarse, y a alcanzar su verdadera envergadura espiritual. En algunos, el resultado ha sido absolutamente espectacular. La palabra ha liberado al espíritu de sus trabas y lo ha lanzado por los caminos de la libertad.

El curso pasado traté de convertirme en el apóstol del sistema entre mis colegas. Este curso quedé sorprendido al descubrir que realmente había ganado la batalla. Actualmente hay sesiones de expresión oral en todos los cursos del colegio.

Como siempre, se trata ante todo de convertirse en atento espectador antes de actuar uno mismo. Las primeras sesiones consisten sólo en escuchar grabaciones: prosa selecta leída por grandes intérpretes (a este nivel, la audición de poemas hubiese sido «a la vez demasiado simple y demasiado complicada»). Podemos descubrir así, *de auditu*, que una frase es ante todo una unidad de respiración, que el secreto de una buena dicción consiste en esculpir las consonantes y no en gorgotear trémolos sobre las vocales, como muchos creen, o como quisiera hacérselo creer a la buena gente el arte lírico y sus interminables gargarismos.

No basta con poner una mano sobre el corazón, elevar la otra hacia el cielo y mugir a pleno pulmón para ser un buen orador. Aunque no sea muy sugestivo hay que comenzar por unos niveles más elementales: relajación nerviosa, respiración, equilibrio del cuerpo. «Daniel, me recuerdas la torre de Pisa... Pierre, no te balancees que vas a marear al auditorio dentro de poco... Firmes sobre vuestras piernas como un viejo lobo de mar en medio de la tormenta. El arte de hablar en público radica ante todo en los pies: que están marcando las diez. Los brazos han de estar libres: no olvidéis que son las hélices del pensamiento. Hablad siempre moderando la expiración si no queréis soltar un gallo...».

Prescribo algunos ejercicios prácticos, inspirados en la gimnasia sueca y en la fonética. Pero sin llevar la conciencia profesional hasta el sadismo de aquel célebre profesor de dicción que hacía declamar a sus alumnos, acostados en el suelo, con un gran pedazo de mármol sobre el vientre, para fortificar así su poder de fonación. Algunos períodos de Bossuet o de Descartes, que parecen pensados especialmente para la reeducación de asmáticos, ofrecen, a mi entender, una ocasión ideal para ensayar. En cuanto a los ejercicios destinados a «aprender-a-hacerse-entender-en-cualquier-circunstancia», podrían compararse a una manifestación de guardias rojos en Pekín. Resulta un espectáculo curioso vernos a todos, con una cerilla entre los dientes, ar-ti-cu-lan-do es-for-za-da-men-te: «Yo quiero y exijo» o aquello de «un tigre, dos tigres, tres tigres».

Enseño finalmente a mis alumnos algunas recetas sencillas contra el miedo, de las que echan mano los conferenciantes avezados. A fin de curso, después de este aprendizaje, les pediré varias veces que preparen sus disertaciones como si se tratase de notas para una conferencia. Echaremos a suertes para ver a quién le toca el peligroso honor de subir a la tribuna. Gracias a la vida de equipo, estoy seguro de que las víctimas superarán la prueba sin que la timidez les juegue una mala pasada. (De hecho, meses más tarde, el ejercicio resultó un éxito total. Los conferenciantes —y se trataba de los muchachos más tímidos del equipo— comprendieron instintivamente que la atención de los oyentes es como un pájaro: no hay que ahogarlo con puño de acero, ni dejar que se escape de la mano...).

26. Neutralidad no esterilizadora

«Cuando expones una idea, me dice François, tienes tal... (sombrerazo al canto) que luego nos resulta difícil pensar de otra manera». El sombrerazo me sabe a mazazo. Decía Bergson con humor que estaba agradecido a su primer profesor de filosofía porque no había dejado en su alma la más mínima impronta. Hay un fondo de verdad tras esa ocurrencia. Se dice insistentemente que no se trata de enseñar pensamientos sino enseñar a pensar, que no se trata de transportar al muchacho sino guiarle para que llegue a ser capaz de andar por sí mismo. Pese a lo cual resulta imposible que el maestro no transmita o no imponga sus ideas preferidas. En casos extremos esto conduce al odioso sentimiento de tener en propiedad el pensar del otro. Tentación bastante generalizada...

El respeto al discípulo ha de prevalecer sobre todo, empezando en los más mínimos detalles para saber hacerlo también con lo más importante. Después de todo, tanto Christian como Serge tienen derecho a quedar boquiabiertos escuchando las almibaradas guasas de Tino Rossi, y Roger a su vez a complacerse con el dulce balanceo de los períodos de Bossuet (Cuando los escucha, runrunea y se despereza como gato junto al fuego). Ante lo cual trato de disimular la más leve sonrisa. El pedagogo precisa de cierta pobreza si quiere ser acogedor. Si es «autosuficiente», si se basta totalmente a sí mismo, si está lleno de sí, sin la más mínima estría, el más mínimo fallo —bloque de saber brillante y compacto, untado de ironía— ¿cómo podrán acercársele sus discípulos?

Creo que la verdadera neutralidad consiste en un atento respeto ante los jóvenes retoños y no en la malhadada esterilización que elimina la vida de los programas, suprimiendo una serie de temas considerados tabú...

27. El río se traga a veces a un cura...

Mis muchachos escuchan con tierna admiración el poema de Prévert titulado *Para hacer la semblanza de un pájaro*. No están muy acostumbrados a esta poesía pícara y cortada, alegre como unas castañuelas. Para facilitar el encuentro... no, hay que ser leal, para que les sirva de contraste, acabo de leerles hace un momento *El cisne*, de Sully Prudhomme: «Sin ruido bajo el espejo de lagos profundos y calmos...».

La versificación demasiado perfecta parece marchar a compás, desfile de palabras vivas y muy brillantes, alineadas como *majorettes* (perfectamente peripuestas). El mejor poeta de los dos es el que menos se piensa...

Una silenciosa música parece dominar la clase. Los muchachos acaban de descubrir que la poesía es algo totalmente distinto de la palabra bien peinada, bien rizada y que avanza con pasos contados como el caniche de una dama de mundo. Pero ¡qué importa el camino, con tal de que sea el corazón quien les conduzca y les haga entrar en la poesía como ciegos confiados! Comprenden, o más bien adivinan, que la poesía es ante todo una mirada tierna sobre los seres y las cosas, una mirada amorosa que anima a su objeto: que le da un alma. La poesía es ternura hacia las mismas palabras a las que despoja de su cáscara de costumbres para acunarlas en sus brazos, desnudas como recién nacidos. Los artesanos afanosos de la palabra hacen el amor con las palabras, mientras que los verdaderos poetas saben amarlas amorosamente. Juegan con ellas como con niños traviesos en el jardín de las imágenes y del ritmo. No interpretan con las palabras. Las interpretan, como se toca un instrumento músico largamente acariciado, convertido en órgano de la propia alma. De ahí nace esa complicidad, a veces tranquila, a veces batalladora, del poeta con el verbo. Las palabras son para él mucho más que materia prima. Son como otros tantos interlocutores apasionados o afectuosos, caprichosos o testarudos. Cada una tiene su rostro y su mirada, y hay que saber domesticarlas.

La poesía es antes que nada un misterio de amor. Platón lo señaló hace ya mucho tiempo, y los enamorados lo descubren cada día. El primer ritmo de la poesía es el de dos corazones que laten muy próximos. La imagen poética no es en último término más que una caricia con palabras. Y luego el amor no puede menos que expansionarse y decirse. Gracias al encuentro el amado se convierte en enamorado de la creación entera. Convertidos en hermanos, el viento, el sol, el agua, la muerte, cantan el mismo lenguaje de la ternura. «Es el amor quien anima el mundo y las estrellas». ¿Cómo iba a ser capaz Dante de añadir a su *Divina comedia* una palabra más después de esto?

A través de sus exuberancias —algunos dirían: sus deliquescencias—, el arte de nuestro tiempo ha comprendido perfectamente este mensaje. Desde Baudelaire, adivina en las cosas un más allá de sí mismas. Se siente investido de una misión. He aquí, sin embargo, por qué es tan apasionado, tan impaciente en su brotar, trastornando un poco las convenciones soñolientas del realismo, del «buen gusto», de lo «bello». Paradójicamente, también, esta ambición hiperbólica le confiere una especie de tolerante humildad. Si está tan atraído por el absoluto, tan obsesionado por el *Azul*, se debe quizás a que sabe que el hambre de belleza es universal en el hombre, vital. Por balbuciente que sea la búsqueda, reconoce en ella la misma busca, la misma ansia forzosamente insatisfecha. El amante —es decir, el que sabe amar— no se hace el desdeñoso, como quería Mallarmé, sino al contrario, infinitamente acogedor. Encuentra la ternura de Rimbaud hacia las «pinturas idiotas», las «novelas de nuestros abuelos», los «pequeños libros de la infancia», los «necios refranes»... Desde este momento, el uniforme ya no es algo imprescindible para entrever la belleza. La poesía no se exila ya en el Olimpo para declamar su desprecio en versos alejandrinos perfectamente cincelados. Es la misma ansia la que empuja al poeta patentado y al niño que modula palabras igual que sopla pompas de jabón al sol: por el sólo placer de saborear los sonidos.

En vez de ahogar a mis alumnos con un aplastante respeto hacia las grandes obras, yo querría aclimatarles poco a poco a la poesía, iniciarles en el misterio, como desde dentro. Hacerles descubrir que la poesía no es un ídolo inaccesible y amenazador; que está muy cerca. Es un soplo de ternura que conocen bien y que pueden encontrar en los sitios más inesperados: hasta en aquel acta notarial que define un grupo de arbustos como «jóvenes sujetos al aire libre»...

Para aprender a amar con amor las palabras, nos divertimos enraizando en lo concreto palabras abstractas, usuales y usadas. En forma de lección moral: hijos míos, sed puros como el aire, no adulterados, no viciados (o viciosos); puros como el cielo: al que nada turba; puros como el vino: sin mezcla; puros como una vidriera: transparente para que pase a través vuestro la luz de vuestro ideal.

Otro juego consiste en fabricar injurias lo más pintorescas posibles. Para excitar su imaginación, mis mumuchachos adoptan como blanco a los gazmoños censores de los bailes modernos. Les tratan alegremente de «stalinianos en zapatillas», de «caracoles sentenciosos», de «rótulas reaccionarias», etc.

Otro día escribimos «bocetos urgentes» al estilo de Jules Renard. Un romántico habla de la mariposa como de una «dulce tarjeta que el poeta envía a las flores». Otro ve en la oruga una «babosa con abrigo de piel». Leo con auténtico placer el montón de disertaciones sobre «la canción moderna, poesía de nuestro tiempo»...

En fin, después de una clase rápida sobre el surrealismo, explico que una imagen poética, como una chispa eléctrica, brota de la aproximación de dos términos totalmente ajenos o cargados de electricidad contraria. Según el dicho de Lautréamont, creo, ha de ser bella «como el encuentro de un paraguas y de una máquina de coser sobre una mesa de disección».

E inmediatamente nos entregamos a un ejercicio de «cadáver exquisito» que da resultados asombrosos:

Julio César dormido apostrofa su reumatismo.
Un hermoso asno palurdo cambia de castillo.
El general rabioso mastica mariquitas.
El mono escupe una pulga asmática.
El gran muladar distribuye cuernos.
El glotón madre apacienta el sol.
El caracol canta oscuramente al buen vino.
Un lindo nenúfar gruñe a las flores.
Los ministros excretadores se divierten despacio.
El cohete disfruta tremendamente haciendo piruetas.
El río se traga a veces a un cura.

28. La humildad, virtud de la tierra

Esta tarde, viniste, Pierre, a preguntarme cómo tenías que arreglártelas para mejorar tu estilo un poco torpe, tus frases embrolladas, interminables y caóticas, que parecen salidas de un camión-cisterna. Viniste a hablarme de tu trabajo, y yo preferí hablarte de ti. Porque no se trata de curar enfermedades, sino enfermos; no hay que «corregir» errores, sino afinar el espíritu. Y tú eres el mismo en todas tus actividades: redactando una composición, esquiando o saludando a un profe en el patio. Está claro que tu problema radica en que quieres hacerlo todo demasiado bien. Sufres de «perfeccionismo», como dicen los psicólogos, que es algo que compete más a tu médico que a tus profesores. Me parece que eres de los que piensan, a causa de un fervor mal dirigido, que la perfección es cosa de cantidad. Imaginas que el progreso escolar se basa indefectiblemente en el número de ejercicios de aplicación, y que el valor moral de un individuo está en proporción directa al número de actos virtuosos. Pero, para nosotros, hombres del encuentro, la disponibilidad cuenta más que la rectitud. Aprender a escuchar es más importante que hablar bien y la pasión es más útil que las buenas notas. Y moralmente hablando, no se trata de crecer en respetabilidad sino de hacerse cada vez más permeable a lo humano.

¿Y a qué viene esa cara torcida y la mirada huidiza? Me temo que te hayan hablado demasiado de la humildad, entendida como soberana panacea que fortifica a las almas nobles. Vamos a entendernos. La humildad no implica masoquismo ni odio ante toda grandeza. Tampoco es verdad que «las humillaciones lleven a la humildad». Gide tiene muchísima más razón que Pascal: «La humildad abre las puertas del paraíso, mientras que las humillaciones abren las del infierno» (Sospecho que son víctimas de alguna neurosis los educadores emperrados sólo en domar, domesticar, meter en cintura, castigar. Por este camino pronto se desemboca en lo odioso o el ridículo. Cuando en realidad, como señala Simone Weil «educar a alguien consiste en primer lugar en hacer que confíe en sí mismo»).

La humildad en manera alguna puede consistir en convencerse de la propia abyección. La humildad es el sentimiento conjunto de las propias riquezas y las propias limitaciones, la alegre esperanza de la tarea realizable. La humildad es la virtud de la tierra, la virtud del *humus*. Ser humilde no consiste en doblar la espalda y mirar al suelo, sino en adoptar las virtudes de la tierra, que es dulce, fiel y generosa. Es adoptar la maravillosa fecundidad de la tierra que contempla el cielo. La humildad es la fe de la tierra en todas las semillas que cobija en sus entrañas. Es la conciencia de las riquezas que hay que hacer fructificar. Es la alegría de participar en la aventura humana: no se es el propietario, sino sólo el jardinero de los talentos.

Pierre, quisiera hacerte entender que la humildad no es la mediocridad aceptada. Es una virtud dinámica y no una capitulación. El sentimiento de la propia abyección, el pudor de los ojos bajos, sólo son técnicas de la humildad, y técnicas muy discutibles. Cuando para ti el pudor, la fidelidad se encarnen en un rostro —el rostro de aquella que te espera—, entonces no tendrás por qué contemplar tus pies. Comprenderás que la pureza, la humildad desembocan en una gran ternura: consisten no en rehusar, sino en preferir...

29. ¿El cine, opio del pueblo?

Actualmente, el opio del pueblo es el cine. El perfume de incienso ya dice poco a las modistillas (si es que alguna vez las enterneció). En cambio, el cine tiene sus templos con acomodadoras por vestales, con sus libros sagrados, su liturgia del sábado por la tarde. Y en cada hogar, ocupando el sitio de honor y rodeado, como los dioses lares, de universal respeto, está el televisor. Los actores y actrices de moda constituyen un nuevo panteón no menos heteróclito, veleidoso y aventurero que el de los dioses olímpicos. Como nuevo Júpiter, Jean Gabin exhibe su rostro triunfal. Liz Taylor ha suplantado a Juno. Brigitte Bardot se las da de Venus y Jean Marais, de Apolo. Y tantísimas divinidades tutelares a las que se idolatra de mil maneras. Estoy seguro que si los niños naciesen informes y estuviese en poder de sus padres darles un rostro, ejércitos de Michèle Morgan, de James Dean o de Lollobrígida llenarían los jardines públicos o las escuelas de nuestras ciudades...

En el internado de mi infancia, un cinéfilo sagaz habría sido capaz de adivinar, el lunes por la mañana, el título del film que tal o cual había tragado la víspera, según sus gestos gabinizantes o belmondizantes del momento... Mirad a los niños jugando a cow-boys por las calles. No sólo imitan el porte desgarbado de John Wayne, de Gary Cooper o algunos otros, sino que hasta tararean una musiquita de acompañamiento más o menos wagneriana en los momentos más patéticos de la acción. ¡Y no será en la ópera donde la hayan aprendido!

No critico, simplemente constato. Dado que soy un empedernido cinéfilo, no me rasgo las vestiduras por ello. Y nadie logrará convencerme de que Feydeau y Labiche sean más importantes que Orson Welles, Truffaut o Eisenstein. El problema consiste sencillamente en tener en cuenta en nuestra enseñanza ese fenómeno de civilización, de humanizar el uso del cine, de lograr que se convierta en un compañero humano y no en el guardián de sueños estandardizados. En una palabra, se trata de formar espectadores libres y conscientes. La enseñanza humanista trata siempre de ayudar al educando a que «digiera» todos sus encuentros y para ello echa mano de los cine-clubs. La proyección de *La strada* viene a darnos oportunidad para una larga discusión, después de haber redactado una composición sobre «¿Es capaz el cine de expresar la vida del alma?». Para una mirada superficial, parece que sólo pueda traducirse en la pantalla «la piel humana de las cosas», «la dermis de la realidad», como dice Artaud. Parece que el cine sea un arte esencialmente visual, en el que «la psicología misma queda devorada por los actos». Y esto con todas las consecuencias que tal opción lleva consigo: costumbre de juzgar a los seres por su cara, especie de maniqueísmo simplista.

En el cine vulgar los «malos» lo son absolutamente, sin fisura y sin posible redención. Los «buenos», al contrario (según una perspectiva realmente demasiado platónica), sólo pueden ser a su vez bellos y verdaderos. Por poco que una linda cara desempeñe el papel de mujer de mala vida, su causa está ganada por anticipado, estando dispuesto el espectador a perdonárselo todo, con el más ciego parcialismo. Esta manía por las simplificaciones abusivas termina a la larga por imperar en nuestro tiempo tan absoluto en las condenaciones y canonizaciones sumarias: personalización del poder, «vedettismo» y ¡qué mejor argumento para el sufragio universal que una sonrisa!

Además, el séptimo arte continúa asediado por el fantasma de sus primitivos: batallas de tartas de crema y carreras-persecuciones. Es la pendiente deslizante por la que caen inevitablemente los filmes «de gran espectáculo», de gran público, los filmes rentables: el cine convertido en negocio. Se reduce a Hamlet o Don Quijote a la categoría de una escaramuza de capa y espada. Y estoy seguro de que, para conseguir la gloria, un director se atreverá un día a dar el papel de Antígona a la supercomercial Brigitte Bardot.

Sin embargo, con hombres como Dreyer, Bergman, Resnais, el cine logra nuevas resonancias. No se basa sólo en el movimiento, la imagen y el sonido, sino también y principalmente en el ritmo y los silencios. Después de la infancia del arte, la infancia maravillosa, se ha convertido en un arte adulto y dueño de sí, que vence sus limitaciones convirtiéndolas en nuevo trampolín para expresar algo más allá de sí mismo.

30. Infalibilidad profesoral

La tentación del profesor —y de todo hombre sin duda— está en la ambición de tener siempre razón, de decir triunfalmente la última palabra. Toda la sociedad descansa sobre el dogma informulado de la infalibilidad parental, profesoral y gubernamental. Educados en la sumisión y no en el diálogo, en el círculo infernal de profesores sentenciosos, de adultos perentorios y tiránicos, los niños aguardan con impaciencia el momento en que por fin podrán, también ellos, dominar a otros.

Noto actualmente que hace falta bastante heroísmo para reconocer que uno se ha equivocado. Mis alumnos me lanzan miradas sorprendidas y casi de reprobación, como si hubiese silbado durante el ritual del minuto de silencio. Algo así como si uno no guardase las reglas de juego.

Para la gran masa, el ideal de la cultura que hoy está en alza es el del héroe de «lo toma o lo deja» o el premiado en un concurso. Lo que se envidia en tales histriones no son tanto sus conocimientos cuando sus aciertos sin fallo. Además, no es casual que el héroe del tiempo en que vivimos —tanto en el teatro como entre la gente— sea el burgués triunfante o el matón sin miedo ni remordimiento. Tenemos los héroes que merecemos.

Igualmente, para el hombre de la calle, el privilegio de las «grandes cabezas» —las «cabezas de huevo», como dicen los americanos— consiste en tener motivo para amurallarse tras un dogmatismo de cemento armado. Se olvida con demasiada frecuencia que cuando Montaigne *(Essais)* prefiere la «cabeza bien hecha» en vez de la «cabeza bien llena» está hablando no precisamente del alumno sino del maestro. He aquí otra frase para poner en el museo de los aforismos mutilados y ex-combatientes.

«¿Dónde está el maestro que quiera ser lacónico y confesar sus errores a los alumnos?, se pregunta Rousseau en *Emilio*. Todos tienen por norma negar incluso los que tienen. Yo, en cambio, estoy dispuesto a adoptar por norma el aceptar incluso los que no tengo, silenciando mis argumentos a favor». Sabido es que el espíritu de contradicción es infinitamente más fecundo que el conformismo (porque la verdad es casi siempre paradójica). Pero aquí se trata de otra cosa.

Los mejores profesores —los que ejercen influencia más duradera en los alumnos— son los que saben confesar a veces: «No lo sé», y no los que siempre se salen con la suya, aunque sea mediante piruetas. ¿Cómo iba a ser de otra manera si, para nosotros, el alma de la cultura no está hecha de certeza sino de humildad, si no consiste en la frase aérea y gratuita sino en la capacidad paciente de escuchar y maravillarse? Esa cultura hay que vivirla cada día como un movimiento y no como un estado. El que se considera al cabo de la calle, definitivamente de vuelta y no constantemente en camino —el pedagogo omnisciente y soberano, sin sombra de duda o vacilación— se mete en un juego muy peligroso: tiene que cuidar demasiado su propia fachada, desfigura para siempre la cultura en el alma de sus alumnos. Yo pienso que la verdad es humilde y fiel como una novia.

31. La parábola de los titís, o de la reciprocidad de la enseñanza

En la jaula de monos del zoo de Vincennes, los titís tienen siempre un gran éxito. Entre los curiosos que se ríen a carcajadas delante de la jaula, ¿cuántos han sido capaces de pensar que los pequeños monos se ríen a sus anchas del espectáculo que les ofrecen sus espectadores? Que me perdonen mis colegas si digo que veo ahí una perfecta imagen de la pedagogía. Demasiados maestros se imaginan que enseñar es una operación en un solo sentido: derramar un inagotable saber sobre las «queridas cabezas rubias».

En realidad, lo apasionante de nuestro oficio no consiste en repetir sempiternamente las mismas verdades, sino en verlas renacer en espíritus nuevos, verlas resucitar cada día. Ver cómo muchachos de dieciséis o dieciocho años reinventan a Boileau, a Séneca o Verlaine sin que los hayan leído ni lleguen a leerlos quizá nunca. Lo apasionante no es enseñar a los alumnos, sino que ellos nos enseñen. Según uno de los *grafitti* del patio de la Sorbona: «Todo enseñante es enseñado, todo enseñado es enseñante». Si el maestro es para sus dicípulos un despertador atento a sus reacciones y no una esfinge, si sabe escuchar antes de juzgar, descubre en germen riquezas insospechadas en los seres aparentemente más desesperantes. Gracias a esta admiración vigilante, corregir ejercicios puede convertirse en algo gozoso. Los mil encuentros espigados a lo largo del camino son otros tantos festines para el espíritu, bruscas ráfagas de luz brillante... Yo las anoto con orgullo de padre. Una de ellas es la que me ha brindado el exergo de este libro. Lo cual me parece infinitamente más emocionante que jugar a «pescador de perlas» por muy ingenioso que uno fuese. Además, ¿cómo podría adoptar otra postura yo, que no dejo de repetir constantemente que somos lo que somos por los encuentros que hemos tenido? Un mocito de doce años me hizo reflexionar un día más que muchos filósofos: «Actúo un poco a lo pulga, cuando cae es para dar otro brinco. Después de una tontería, yo trato siempre de mejorar...».

32. «Se corre el peligro de que con el agua de la bañera se vaya también el bebé»

Gran discusión durante la cena, a propósito de las canciones y los ritmos modernos. Entre mi colega sexagenario y el muchacho de diecisiete años que le arguye, uno se pregunta cuál de los dos es el más «crío». El uno por su desprecio, el otro por su admiración, a cual más incondicionales. Desde que el mundo es mundo, todas las generaciones se han hecho los mismos reproches. Y —lejos de «suavizar tal costumbre»— la música de moda orquesta la tensión.

¿Para qué renovar, una vez más, esta sempiterna disputa? La primera cualidad de un educador es sin duda la de comprender que no puede comprenderlo todo. El papel que nos corresponde ante los jóvenes que se nos han confiado no consiste en imponerles nuestros gustos o ahogar sus pasiones, sino ayudarles a que formen su juicio. De hecho quizá son demasiado impresionables, demasiado propensos a un entusiasmo falso. Pero, al enfrentarnos, se corre el peligro de endurecerlos todavía más en sus descabelladas opciones. Me parece que es infinitamente más enriquecedor para todos —y más exigente también— tratar de comprender con ellos las riquezas y las limitaciones de las obras que están de moda. Como siempre, el secreto consiste en escuchar y dialogar.

Sólo así es posible actuar con lucidez, deshacer los falsos entusiasmos...

Yo abordo el problema «a lo etnólogo»: en este sentido todo consiste en tener cierta perspectiva. Disfruto asistiendo a la escuela de mis alumnos. Pero el tema no queda circunscrito a sólo las interminables discusiones de los tiempos libres. Un artículo de un periodista atrabiliario, condenando con vehemencia la historia contagiosa de los Beatles, Hallyday, Antoine y otros melenudos hace estallar la cuestión. Ruge la indignación entre los estudiantes. Cojo la pelota al vuelo y entre otros temas les propongo que escriban una respuesta para este nuevo Catón. El ejercicio permite que algunos se expresen, quizá por vez primera, no por imposición escolar sino por necesidad interior. Cuando el filósofo Alain pretende que «lo que interesa jamás instruye», está proponiendo una pedagogía para nonatos, *boys-scouts* o masoquistas amateurs. En cambio me parece que los intereses espontáneos de los alumnos son para el profesor la palanca de Arquímides que permite conseguir los mejores esfuerzos, con tal de que se acepte que el papel de la escuela no consiste en formar como en cadena series de «cuadros jóvenes» uniformes, sino en dar a cada uno los medios necesarios para llegar a ser él mismo, desarrollarse y hacerse libre. El arte está entonces en llevar al joven a que se exprese sin coacción, para que se forme por su misma palabra. El papel del maestro consiste únicamente en descubrir la fuente y abrirle los caminos de la libertad.

Sin embargo, para esta disertación de tema explosivo, el problema no está en atizar el fuego, sino en canalizar la pasión de mis fanáticos *ye-yes*: que la cólera florezca en ligera ironía, disolver los sectarismos cargados de electricidad negativa en un diálogo difícil. Es ante todo un ejercicio humano. Es cierto que, en nuestra óptica, la frontera entre la educación moral y la formación intelectual tiene mucho de ósmosis.

33. «El porvenir está en los huevos»

Con demasiada frecuencia somos buitres de la cultura. En vez de presentar a los alumnos a Platón, Goethe y Mallarmé, sólo les ofrecemos sus cadáveres. Nuestras clases de literatura se parecen a sesiones de autopsia. Un viejo profe encanecido bajo sus arneses y tan maniático como un coleccionista de mariposas, condenaba cada año a sus alumnos a aprenderse de memoria cincuenta citas de los «mejores autores» para estar en condiciones de trufar la disertación del examen, tratase de lo que tratase. Desde luego, no era ni un maestro, ni un despertador, sino un boticario de la cultura. Esta manera de actuar no lleva a un encuentro viviente. Todo lo más será obra de vivisección o de chacinería. Esta forma de cultura tiene la elegancia ridícula y la afabilidad de los comerciantes. El buen hombre pecaba sobre todo de excesiva prisa. Como los personajes báquicos de *El porvenir está en los huevos*, de Ionesco, se había dejado envenenar por el virus de la productividad. Que es un defecto de nuestro tiempo: producción, producción, se sueña en el día en que las gallinas llegarán a poner como si fuesen ametralladoras. No es sólo aceleración de la historia, sino frenesí universalmente acelerado. Me ponderan esos vuelos ultra-rápidos que unen París con Nueva York en menos de cuatro horas. Yo sólo me pregunto qué van a hacer los pasajeros con todo el tiempo robado al espacio. Así como, cuando la alimentación consista en ingerir píldoras, imagino que legiones de sabios buscarán con gastos enormes algo que equivalga a la función social de la comida y de su preparación. Sea lo que sea, nunca se podrá «taylorizar» la enseñanza. Rousseau lo comprendió muy bien: «La instrucción de los niños es un oficio en el que hay que saber perder tiempo para ganarlo». El maestro ha de imitar siempre —con perdón— la placidez de la vaca que pace concienzudamente sin preocuparse demasiado de la cantidad de leche, mantequilla, queso o rosbif que está «fabricando». Además, ¡pobre del que pudiera evaluar el impacto de una enseñanza sobre el espíritu vivo! El profesor lanza a plena voz lo que imagina semilla de verdad. Una buena parte de sus palabras cae sobre espíritus impermeables. Otra, queda devorada y pisoteada por los cerditos, o florece sólo un instante. Inexplicablemente, sin embargo, una pequeña parte da con el camino del alma y fructifica al ciento por uno. Una pequeña frase que parecía anodina despierta en uno u otro energías espirituales inesperadas. Entonces, dirán los maliciosos, para qué discurrir durante horas y horas: ¡pronunciad ese maravilloso abracadabra y dejadnos en paz! Desgraciadamente, resulta que la fórmula es diferente para cada uno. Una clase, con tantos rostros atentos —o que lo parecen— es una batería de aparatos fotográficos apuntados sobre el mismo objetivo, pero que nunca se disparan a la vez...

Con demasiada frecuencia, se preparan las reformas de la enseñanza como si se dirigiesen a adultos perfectamente dueños de su organización intelectual. Se quisiera elaborar una enseñanza de pura técnica, con conocimientos inmediatamente utilizables, olvidando que tales riquezas están destinadas a perderse si los espíritus no están aún en condiciones de acogerlas, o si no se les deja tiempo para «digerirlas». Igual que la amistad, la cultura es un fenómeno temporal que exige sus ritos, su paciencia, sus mudas fidelidades y sus lentas germinaciones.

34. «Por la fidelidad de mi honor de hombre»

He querido que la última disertación del curso fuera una especie de testamento espiritual y de balance que cada uno de mis alumnos dedicara a todos los demás. El tema daba pie a dicha perspectiva: «La primera virtud del hombre culto es la humildad». Las circunstancias eran suficientemente excepcionales como para que me tomara la molestia de elaborar una síntesis, insertando, como tengo por costumbre, ideas, citas o expresiones de sus composiciones. Quedó más o menos así:

Durante este curso hemos intentado practicar una enseñanza humanista. Nuestro ideal no consistía en imitar a aquel «letrado», aquel «mono del renacimiento, rebosante de versos latinos como un cadáver lleno de gusanos», que tanto enfurecía a Bernanos, sino en hacernos más humanos a base de encontrar algunas de las encarnaciones más logradas de la humanidad; en hacernos cada vez más acogedores, más receptivos a todo lo que hace al hombre: sus angustias, esperanzas, cóleras, entusiasmos y amores. Si hemos querido desarrollar nuestras facultades de expresión, ha sido para responder más válidamente a la llamada de lo humano. Además, si hemos tratado de hacer de la clase una verdadera familia espiritual, ha sido porque sólo en equipo, como señaló Saint-Exupéry, se muestran los repliegues de la aventura humana. No se trataba de conquistar laureles y diplomas, sino de «pegarnos» cada vez más estrechamente a la humanidad y prepararnos para el quehacer de hombre en la ciudad. Tarea nunca acabada e infinitamente exigente, cuyo fermento activo es la humildad.

Con demasiada frecuencia, se presenta al hombre culto bajo los rasgos de un académico provinciano, que tiene respuestas para todo, al que nada desconcierta, nada le extraña, que no siente curiosidad por nada: una especie de Buda concentrado en su contemplación interior. Considera su cultura como acabada, perfecta, y rechaza con sonrisa condescendiente todos los encuentros que juzga indignos de su gran saber. Esto es apenas una caricatura de cierto tipo de intelectual que tiende a convertirse en el ideal de esta «civilización de la cantidad», que ya Duhamel denunciaba, de esta civilización en la que todo se traduce en cifras y en gráficos, en records y en diplomas. Ese «mandarín» embarazado con sus propios conocimientos, por erudito que sea, tiene poco de persona cultivada. Es de la raza de los pretenciosos, muy pagados de su saber, con los que Sócrates disfrutaba llevándoles a las peores contradicciones. En cambio, culto es quien, sin tener necesariamente competencias enciclopédicas, ha sabido hacer fecundo su espíritu, aumentar su rendimiento y estimular su actividad.

La cultura del espíritu puede compararse totalmente con el cultivo de la tierra: se trata de hacerla más receptiva, y no ahogarla con aportaciones aplastantes. Se ha llegado a decir que «la cultura es lo que queda cuando se ha olvidado todo». La cultura no es un capital de conocimientos, es una manera de ser: un espíritu de acogida que no niega su simpatía a ningún valor humano. La cultura es también la «docilidad», es decir, en sentido etimológico, la facultad de aprender, de dejarse enseñar por la vida y por los hombres.

Frente a un cuadro surrealista o no figurativo, el hombre no culto, sobre todo si posee cierto bagaje de conocimientos en otros campos, declara perentoriamente: «¡Grotesco, no entiendo nada!». Se declara juez único de todos los valores estéticos. El hombre culto, en cambio, trata de hacerse acogedor a esta obra difícil. Quizá tenga que confesar finalmente que no encuentra manera de entenderla, pero la relación no quedará por ello rota orgullosamente. De la misma manera el hombre culto y humilde nunca habla de «la edad del pavo» o de «la edad ingrata»; todo lo más de «la edad desconcertante»... Es decir, la cultura es esencialmente virtud receptiva. Un espíritu verdaderamente cultivado nunca cree haber «llegado». Está en perpetua búsqueda. Así, el sabio auténtico afirma gustosamente que cuanto más avanza, más consciente se sabe de los límites de su saber, a la manera del artista cada vez más exigente consigo mismo, en honor al arte. Estos seres que rozan los más vertiginosos secretos del universo se mantienen modestos en sus afirmaciones, moderados en sus expresiones. Son alegres y no conquistadores, optimistas, llenos de esperanza. No desdeñan la conversación con los más humildes, porque saben que para quien sabe escuchar hay una chispa de genio en todo espíritu humano, por desesperantes que sean sus manifestaciones. «A medida que se tiene más finura, observa Pascal, se descubre que hay más personas originales». Tal generosidad es la primera cara de la cultura humilde.

El alma de la cultura está hecha de ternura acogedora. El papel del maestro humanista no consiste en formar legiones de pequeños eruditos uniformes, sino en desarrollar a cada uno según su vocación propia y ayudarle a tomar conciencia del papel que le incumbirá en la comunidad humana, revelándole sus riquezas y sus limitaciones. El encuentro con lo humano se convierte entonces en una invitación a aceptarse a sí mismo, a amarse a sí mismo, en el lugar que le corresponde en la humanidad. Invitación, también, a amar a los otros tal como son y no tal como se querría que fuesen. Tal es el verdadero rostro de la humanidad: no un perpetuo desprecio de sí mismo, sino una mirada limpia ante los dones que hay que hacer fructificar en sí mismo y a su alrededor. De cara a sus discípulos, el maestro en humanidad reedita la fábula del labrador y sus hijos: excavad, ahondad, mullid vuestro espíritu, porque hay dentro un tesoro escondido, y este tesoro es vuestra propia capacidad de acogida.

Finalmente, lo diga o no, lo quiera o no, la cultura hu mana implica una *moral*. «No somos islas». El estudiante, el bachiller ha de tener conciencia de que sus búsquedas y sus progresos se insertan en el inmenso esfuerzo de la humanidad en marcha. Ha de llegar a tener un agudo sentido de sus responsabilidades, pero también un legítimo orgullo. Se es moral en la medida exacta en que uno admira. Lo moral no es lo que se hace pequeña, tristemente, por el honor del hombre, sino más bien lo que el honor del hombre ha hecho por nosotros: los siglos de grandeza, de generosidad y de inteligencia que siguen corriendo por nuestras venas. Una vez más, la humildad no es una virtud negativa, un replegarse, un fracaso voluntario. Al contrario, es un inmenso orgullo, un amor apasionado por la obra del hombre. La humildad consiste en hacer que la humanidad triunfe en sí y a su alrededor, y consiguientemente ocupar un lugar en la inmensa evolución que encamina poco a poco a la familia humana hacia su plena unificación. Cerrar el corazón a una voz humana, sea la que sea, es retrasar su llegada, frenar esa inmensa ansia.

Que nadie se extrañe al desembocar en tales perspectivas. Todo va junto. La cultura unifica todos los requerimientos de la existencia: intelectuales, morales, políticos. Se trata siempre de hacer triunfar al hombre en plenitud, de acrecentarlo revelándole a sí mismo y haciéndole cada vez más acogedor. Paradójicamente, este ambicioso proyecto es el gran educador de la humildad.

La humildad, virtud positiva de receptividad, de «docilidad», trata en toda obra humana de llegar al hombre. Voluntad de hacer fructificar sus dones, de hacer triunfar al hombre en su persona y en la de los otros, que florece en una inmensa esperanza.

35. Cola de pescado

Quisiera escribir un epílogo suntuoso, para que el lector tuviese la impresión de haber sacado todo el jugo al dinero gastado en comprar el libro. A falta de una boda feliz, que realmente no encajaría, quizá podría tratar triunfalmente de un «solemne reparto de premios», como suele decirse. El gran salón de actos hierve, totalmente decorado con flores artificiales. Los profesores dormitan arracimados en el estrado. El gobernador masculla un discurso enternecedor que sólo le enternece a él. La gente se cuece a fuego lento en un ambiente de incubadora artificial. Los padres, con la respiración entrecortada, se ahogan en sus corbatas. Las abuelas cabecean bajo su sombrero de velo. Entre cuchicheos y ligeros temblores, las madres citan de memoria pasajes enteros del boletín de notas. Los felices escogidos, aureolados con laurel como emperadores romanos, adoptan un aire tonto y modesto, mientras que el coro, acompañado por un piano desabrido, entona a pleno pulmón el himno del colegio. Una apoteosis de cartón piedra. El dinero no huele (parece), pero los honores dejan con frecuencia un tufo polvoriento...

No tendré que darme mucho tono interviniendo, y me alegro porque este tipo de folklore no me cae bien.

Distinciones, diplomas, condecoraciones, cuadros de honor o legión de honor, primer premio o premio Goncourt, son otras tantas futilidades que deshonran tanto al que las recibe como al que las da. La experiencia enseña que nada se arregla con tales tonterías.

El curso termina con una seria revisión de vida que se parece más a un consejo de ministros que a una distribución de premios. No se trata de congratularse, sino de hacer un balance, de señalar a grandes rasgos perspectivas de futuro. Programa, horarios, método de trabajo, ambiente, resonancia de los cursos; la discusión es técnica, funcional, casi apagada, aceitosa como una maquinaria (¿Por qué demonios, en mi infancia, siempre se pintaban de negro los instrumentos maravillosos que uno no dominaba del todo: automóvil, máquina de escribir o de coser, estilográfica, teléfono?).

La última palabra le corresponde a Marc. «Lo maravilloso de este curso, explica, ha sido que no haya habido de un lado un profesor que habla interminablemente y del otro unos alumnos que tratan de escuchar, sino un auténtico equipo de trabajo. El profesor ha pasado a un segundo plano. Se contentaba con desbrozar el terreno en los temas difíciles, encauzar y animar la búsqueda colectiva. Durante el primer trimestre estábamos quizás un poco excitados por ese estilo que nos parecía tan nuevo. Pero en definitiva el ambiente era mucho más fraterno al final de curso, a través de una serie de pequeños detalles, y precisamente, sin duda, porque ya no se pensaba en proferir grandes alocuciones líricas sobre la vida de equipo. De todas maneras, me parece que he aprendido mucho más este curso que durante toda mi vida de estudiante...».

Pienso, para mis adentros, que si mis alumnos quisiesen darse la mano, llegarían en pocas generaciones a hacer de mí un profe casi decente...

Un amigo, a quien he dado a leer este manuscrito, opina que, en estas últimas páginas, doy la impresión de estar satisfecho de mí mismo y esto es muy molesto. Molesto lo soy sin duda, porque haría falta ser un genio —y no lo soy— para exhumar evidencias. Pero satisfecho de mí mismo, desde luego que no. ¿A través de qué cristales me ha leído? Sin mi equipo, sin mis «alumnos», no soy más que un espantapájaros de pizarra. Si hay que hablar de éxito, es un éxito del que yo no soy en manera alguna propietario, es fruto de una comunidad. Si brillan a través de estas páginas algunos destellos de alegría, es la alegría de un equipo, la alegría de compartir, la alegría del encuentro...

36. Con el rabo entre las piernas

(Tendría que advertir inmediatamente, como lo hacía a veces al empezar la clase, que corro el peligro de ser injusto...).

13 de agosto. Las velas blancas se dibujan en el lago perezosamente inmóvil. Los insectos runrunean en la calma atmósfera. Uno se siente casi lagarto al sol. Trabajo en la tesina y empiezo a soñar en el próximo comienzo de curso. Tras la tesis y la antítesis, el tercer curso de enseñanza humanista tendría que ser tranquilo y fructuoso.

Pues no habrá tercer curso. Carta del patrón. Después de una página dedicada a noticias de sociedad, me anuncia que el colegio acaba de contratar a un nuevo profesor, quincuagenario, pero todavía en buen estado. «Teniendo esto en cuenta, no será posible tenerte entre nosotros el próximo curso. Lo que te supondrá una gran decepción. Sin embargo... siempre me ha parecido que, en la práctica, la vida en la casa no te resultaba totalmente favorable. En tu propio interés...», etc. Vaya manera tan paternal, tan afable de darle a uno una patada. Pero todo esto son fórmulas. Le contesto secamente que cuando menos tengo derecho a saber las razones por las que se me da con la puerta en las narices.

Visiblemente molesto, mi corresponsal se cree obligado a empezar su carta celebrando mi perspicacia. Su decisión, explica, no sin un mar de nuevos circunloquios, viene determinada por «aspectos de ambiente y de unidad en el equipo profesoral». Al parecer, uno de mis colegas estaba desmoralizado ante la idea de que yo regresara. Ahora ya está tranquilo (Pero yo me pregunto por qué demonios dicha persona se mostraba tan obsequiosa conmigo el curso pasado... «Era para eliminarte más fácilmente, hijo mío»).

El señor director va alcanzando poco a poco la velocidad de crucero. Me explica que mi talante —ciertas salidas en la mesa, sobre todo— resultaban a veces un mal ejemplo para los querubines que nos estaban confiados. Lo que quizá sea verdad. Reconozco que tengo poco de manso cordero. Algunas posturas políticas de mis colegas me sacaban de mis casillas. No tolero que un educador aproveche su función para convertirse en propagandista de un partido o en cantor del militarismo. A veces sacaba mis dientes afilados sin experimentar el más mínimo remordimiento por ello...

Anestesiado por el razonamiento hipócrita, acunado por el ronroneo cortés de las dulces frases, termino por convencerme que sin mala voluntad por mi parte, mi presencia en realidad «pesaba en el clima de confianza y de... (ilegible: docilidad, supongo) que ha de haber en la comunidad». La cual no podía por menos de «fomentar los aspectos más infantiles y adolescentes de nuestros alumnos».

«¿Solución?: Que se marche».

Sin ninguna duda, gracias a mi salida, la obediencia volverá a convertirse en la fuerza principal del colegio y los muchachos serán manejados fácilmente de nuevo como marionetas. Además, el patrón sale de viaje durante quince días con destino desconocido, sin duda para dar tiempo a que me calme. Mal cálculo. A su regreso, nuestra entrevista fue de lo más borrascoso, lo que por lo menos me permitió llamar a las cosas por su nombre. Vuelvo, pues, a mis «queridos estudios». Nunca la expresión me ha parecido tan «estúpida y malévola»...

No sé cómo ha corrido entre mis alumnos la noticia de mi marcha. Recibo gran número de cartas. Jacques y Pierre tratan de consolarme con una emocionante observación: «Aquí tu tarea ha terminado, se te necesita en otra parte...». Jean-Paul y Jean-François me dan las gracias efusivamente. Les indico que es sobre todo al equipo, al ambiente general del grupo, al que hay que agradecer la mayoría de nuestros hallazgos. Aprovecho mi respuesta a Daniel para repetirle una vez más en nombre de la humildad: «No dudes de ti, cree en ti».

François, uno de los mayores, analiza extensamente nuestro descubrimiento de lo humano. Su carta exultante contrasta un poco, pero pacifica: el día del entierro, el viejo tío, con el mostacho a media asta, se pone a cantar de repente a pleno pulmón el «Himno a la alegría» de Beethoven. Un poco escandalizada al principio toda la concurrencia —incluido el muerto—, sigue coreándolo con él...

A los dos meses de curso, descubro que el oleaje motivado por mi partida todavía no se ha apaciguado, y que mi sucesor paga las consecuencias. Escribo a mis «gentes» para recordarles las exigencias de la acogida: no es ese o aquel individuo el que importa, sino la grandeza del hombre y la vocación de todos en el conjunto de la humanidad.

En primavera, tengo la alegría de saber que mi fantasma ha dejado de andar ya por los corredores del colegio y que mi suplente ha sabido hacerse con el corazón de sus alumnos. ¡Himno a la alegría! Puedo retirarme de puntillas.

37. Punto final

Llega el momento de poner punto final y no me siento satisfecho. Haría falta tener la hermosa sencillez del músico que toca los platillos en los pasacalles aldeanos. Sólo se esperan de él los golpes triunfales con que se cierra la actuación, para seguir luego su vida como si no hubiese pasado nada. ¡Feliz mortal! Para nosotros, artesanos fatigosos de la palabra, es otro cantar: nos asalta la duda y la angustia. Todas las dudas familiares bailan a nuestro alrededor. Tengo la impresión de haber hecho mucho ruido y pocas nueces. Cuando se publicó mi primer libro, un crítico se burló un poco de mi «estilo de buena persona». Me las vi negras para convencer a uno de mis alumnos que no le escribiese protestando de que yo era algo muy distinto.

¿Tendré esta vez mejor suerte ante los profesionales de la crítica? Realmente me tienen sin cuidado. Lo que no pocos de mis lectores me escriben me llena mucho más... Pero, en este momento, temo que lo escrito se pierda inútilmente. Aunque después de todo, si llego a consolar a una joven maestra rural en un día gris o ablandar quizá a un inspector de enseñanza primaria, no habré perdido el tiempo del todo.

Conseguir, aunque sólo sea para un lector, que por un instante se olvide de sí mismo y viva otra vida, es la función de la literatura. ¿Por qué estar preocupado por haber perdido quizá mi tiempo y mi pasión? Nadie escribe un libro porque sí: es algo que se impone por una especie de necesidad interior. ¿Habré segregado aburrimiento, o habré provocado entusiasmos o desprecios? Preguntas vanas. Una vez escrito, el libro ya no pertenece a su autor. Cada lector lo recrea a su manera. Lo único que importa es que las páginas sean verídicas, fruto de una verdadera ternura.

Creo poder decir que lo son. Pero —me atrevo a hacer el ridículo apuntándolo— no hay que leer estas páginas como si se tratase de un manual de recetas pedagógicas. Se correría el peligro de sufrir terribles desilusiones ante las hordas de muchachos socarrones y melosos, traviesos y alborotadores, en locales horrendos y sucios, en los que se amontonan como sardinas en lata.

Además, pienso que los personajes descritos aquí son suficientemente originales y la experiencia notablemente insólita como para descartar toda veleidad en este sentido. La raíz del problema está en que hemos vivido, «mis alumnos y yo», en un ambiente absolutamente fraternal, mientras que, por su misma esencia, el profesor parece llamado a convertirse en la reencarnación del padre: un personaje riguroso, incómodo a veces, que da seguridad y hace crecer mediante su ejemplo y sus perpetuas exigencias. Desde que uno abandona la escuela maternal, no hay más que «escuelas paternales».

A manera de coda

«Adición brillante al período final de una pieza de música» dice el diccionario, como explicación de la palabra «coda».

Esta vez se trata de una adición sin excesiva brillantez. O de una confesión en voz baja. Porque ¿qué traductor puede presumir de no pecador?

Primer pecado, de omisión: hemos suprimido dos capítulos de la segunda parte.

Uno —titulado «Caleidoscópicas»— consistía en una serie de calas rápidas en la literatura francesa, al estilo de *trailers* cinematográficos, que al lector español necesariamente tenían que resultarle poco familiares y hasta ininteligibles a veces. Además, el propio autor advierte en letra cursiva, a sus connacionales, que con él «hay que hacer como en el juego de la oca: si después de leer dos páginas te resulta pesado seguir, salta inmediatamente al capítulo siguiente».

«The last but not the least» se titulaba el otro: eran las respuestas de 7 alumnos a 8 preguntas del autor sobre sus clases. Buenas respuestas, claro. Fáciles de imaginar.

Segundo pecado, de deseo: de estar en nuestras manos hubiésemos preferido titular la traducción «Humanismo y educación», dejando sólo como subtítulo el título actual. Para indicar el verdadero contenido del libro: la grandeza del hombre, el honor del hombre. Matizado por el modo: esa especie de diario del neo-profesor. Razones técnicas lo han impedido. ¡Lástima!

Tercera adición: se nos ha resistido la traducción exacta de la palabra «tendresse», que Barlow usa casi como muletilla. No coincide con «ternura», «cariño», «caricias», «pruebas de afecto»... Es mucho más. Para el joven profesor equivale a veces a «capacidad de colocarse en el lugar de aquellos a los que uno se dirige, cualidad que los psicólogos llaman precisamente *tendresse*».

Quizás ayude no poco, para entender el eco que la palabra tiene para Barlow, recordar que su primera obra se titulaba precisamente *Gilbert Cesbron, témoin de la tendresse de Dieu*.

Y una anécdota, con cierto valor de categoría. Me llamó por teléfono hace unas semanas un estudiante de pedagogía de la Complutense. Alumno libre. Se había enterado de que yo explicaba en la Universidad Pontificia de Salamanca la asignatura «Psicología de la función educadora». Quería él bibliografía para presentarse al examen en Madrid. Le dije que para este trance lo más urgente e imprescindible es conocer las «manías» del profesor (Desconozco totalmente las de mi colega. Con lo que la bibliografía que yo pudiese darle para examinarse, que era lo que él pretendía, iba a servirle de muy poco).

Otra cosa hubiera sido si hubiese tenido que examinarse conmigo. Porque durante tres cursos —desde que cayó en mis manos— he usado como libro de comentario para dicha asignatura este libro de Barlow.

En Salamanca damos «Psicología de la función educadora» en el curso de doctorado. Sabido es que no resulta fácil dar clase a unos licenciados en pedagogía, duchos en la enseñanza. Pues bien, pese a que un casi-doctor está de vuelta de casi todo, las clases de doctorado han resultado, año tras año, vivas, positivas, sonoras. ¿No será porque entre la no pequeña producción bibliográfica, tan iconoclasta, en torno a la escuela, estas páginas realmente oxigenantes tienen como música de fondo el «Himno a la alegría» y una enorme «tendresse»?

Salamanca, 8 de junio de 1977.

J. S. V.